Introducción a la ciberseguridad

Yolanda López Benítez

ic editorial

Introducción a la ciberseguridad
© Yolanda López Benítez

1ª Edición

© IC Editorial, 2025

Editado por: IC Editorial
c/ Cueva de Viera, 2, Local 3
Centro Negocios CADI
29200 Antequera (Málaga)
Teléfono: 952 70 60 04
Fax: 952 84 55 03
Correo electrónico: iceditorial@iceditorial.com
Internet: www.iceditorial.com

ISBN: 978-84-1184-590-8
Depósito Legal: MA 204-2025

Impresión: PODiPrint
Impreso en Andalucía – España

Nota de la editorial: IC Editorial pertenece a Innovación y Cualificación S. L.

Índice

OBJETIVOS GENERALES

Los objetivos generales del título **Introducción a la ciberseguridad,** son los siguientes:

➲ Conocer los principios básicos de ciberseguridad, incluidos los aspectos técnicos, regulatorios y organizativos de la misma, incluyendo una aproximación al *hacking* ético para entender las principales amenazas y ataques, y cómo defenderse de ellos.

➲ Adquirir los conocimientos y habilidades para implementar medidas efectivas de seguridad en los sistemas informáticos, automatizar la protección de infraestructuras tecnológicas, evaluar los niveles de seguridad en redes y aplicar herramientas de simulación de ataques, para proteger y fortalecer la integridad de los sistemas de información.

Introducción a la ciberseguridad: fundamentos y gestión de riesgos

Contenido

Objetivos

El objetivo general de esta unida de aprendizaje es:

→ Conocer los principios básicos de ciberseguridad, incluidos los aspectos técnicos, regulatorios y organizativos de la misma, incluyendo una aproximación al *hacking* ético para entender las principales amenazas y ataques, y cómo defenderse de ellos.

Los objetivos específicos de esta unidad de aprendizaje son:

→ Analizar e identificar riesgos tecnológicos que pueden afectar a la empresa u organización.

→ Mejorar la resiliencia de los sistemas digitales que dan soporte a la empresa.

→ Obtener conocimientos para el desarrollo de una estrategia de securización de la información y generación de modelos digitales competitivos.

1. Introducción

En el ámbito industrial, la ciberseguridad cobra una importancia aún mayor, debido a la creciente digitalización y conexión de los sistemas críticos. Los ataques cibernéticos no solo pueden causar grandes pérdidas económicas, sino también interrumpir importantes operaciones, con lo cual ponen en riesgo la supervivencia de las empresas. Por ello, es clave que los profesionales del sector adquieran una sólida base en ciberseguridad y desarrollen estrategias eficientes y eficaces para proteger sus entornos.

En esta unidad adquirirás los conocimientos básicos de ciberseguridad, los cuales son fundamentales para proteger las redes industriales y los dispositivos conectados. La ciberseguridad es una disciplina clave en la actualidad, debido al aumento de las amenazas cibernéticas. Poco a poco irás adquiriendo una comprensión integral de los aspectos técnicos, regulatorios y organizativos de la ciberseguridad, además de introducirte en el *hacking* ético, para que puedas identificar y defenderte de las principales amenazas y ataques a través de la gestión de riesgos.

Cada sección está diseñada para proporcionarte conocimientos prácticos y teóricos que te permitirán mejorar la resiliencia de los sistemas digitales de tu organización. En esta primera unidad, acompañaremos a Mario en su proceso de aprendizaje sobre los fundamentos de la ciberseguridad y cómo gestionar los riesgos que pueden amenazar la integridad de los sistemas de la empresa para la que trabaja.

2. Conocimiento de los fundamentos de ciberseguridad

 **HILO CONDUCTOR**

Era una tarde tranquila en la empresa TechSystems. Mario, que es ingeniero de sistemas, mientras observaba la actividad de la red desde su lugar de trabajo, notó un comportamiento inusual en uno de los servidores. Aunque todo parecía funcionar correctamente, las señales indicaban una posible intrusión. Mario, que recientemente había recibido formación en ciberseguridad, comenzó a aplicar los conocimientos adquiridos para identificar la fuente del problema, a fin de proteger los activos de su compañía.

La ciberseguridad se ha convertido en un aspecto crítico para cualquier organización en la era digital. A medida que las empresas dependen cada vez más de la tecnología para llevar a cabo sus operaciones diarias, también aumentan los riesgos asociados con las amenazas cibernéticas. El robo de información, los ataques de *ransomware,* el *phishing* y la denegación de servicios son solo algunos ejemplos de los múltiples desafíos a los que se enfrentan las organizaciones día a día. Es aquí donde entra en juego la importancia de sentar una sólida base de conocimientos sobre los fundamentos de la ciberseguridad, pues estos principios forman el primer paso, que es esencial, hacia la protección de los sistemas digitales y los activos de información.

Comprender los fundamentos de la ciberseguridad permite a los profesionales y, en general, a todos los miembros de una organización tener conciencia de las amenazas a las que están expuestos.

IMPORTANTE

A través de este conocimiento básico, se puede entender cómo se generan los ataques y qué tipos de vulnerabilidades subsisten dentro de un sistema informático o un sistema de información. Además, aprender sobre conceptos clave como la confidencialidad, la integridad y la disponibilidad (los tres pilares fundamentales de la ciberseguridad, que se tratarán más adelante) proporciona un marco claro para medir la seguridad de los activos de información.

 **DEFINICIÓN**

Activo de información

Cualquier recurso o conjunto de datos que tiene valor para una organización y que, por lo tanto, necesita ser protegido. Estos activos incluyen información digital o física, como bases de datos, documentos, correos electrónicos, archivos electrónicos, registros financieros, propiedad intelectual y cualquier otro tipo de información confidencial o sensible. Además, los activos de información también abarcan sistemas, redes y tecnologías que procesan o almacenan estos datos.

Uno de los principales beneficios del conocimiento cibernético es la **capacidad de identificar y gestionar riesgos** de forma eficaz.

Saber a qué tipo de amenazas está sometida la infraestructura tecnológica de una empresa ayuda a priorizar los esfuerzos de protección y a centrarse en los puntos más vulnerables o críticos.

Sin esta base, los profesionales podrían pasar por alto elementos fundamentales que, si no se protegen adecuadamente, pueden ser explotados
fácilmente por actores malintencionados. Asimismo, al identificar correctamente los riesgos, se pueden asignar con eficacia recursos que garanti-
cen la seguridad.

 ## SABÍAS QUE...

Otro aspecto clave es que una comprensión clara de los fundamentos de la
ciberseguridad facilita la implementación de normativas y estándares internacionales, como ISO 27001 o NIST 800-53. Estas normas proporcionan directrices para **asegurar los sistemas de información.** El cumplimiento de estos
estándares no solo asegura la correcta gestión de la seguridad dentro de una
empresa, sino que también demuestra a los socios comerciales, clientes y organismos reguladores que la organización está comprometida con la protección
de la información.

El conocimiento básico en ciberseguridad es una potente herramienta que
prepara al personal a defenderse de uno de los mayores riesgos que corre
cualquier organización: **el factor humano.** La falta de formación adecuada
es una de las principales causas de las brechas de seguridad. Desde el uso
de contraseñas débiles hasta la apertura de correos electrónicos maliciosos, los errores humanos son un punto crítico que puede evitarse con una
formación adecuada en ciberseguridad. La capacitación no solo debe ser
técnica, sino también ha de involucrar a toda la organización, promoviendo
una **cultura de seguridad** en la que todos los miembros sean conscientes
de su responsabilidad.

 ## DEFINICIÓN

Cultura de seguridad
Conjunto de valores, creencias, actitudes y prácticas compartidas dentro de una
organización en relación con la protección de sus activos de información frente
a amenazas. Es un enfoque colectivo hacia la importancia de la seguridad, que
abarca tanto la seguridad informática como la seguridad física, y que promueve
comportamientos que minimizan los riesgos.

Una cultura de seguridad sólida implica que todos los miembros de una organización, desde la alta dirección hasta los empleados, sean conscientes de los riesgos, comprendan su responsabilidad en la prevención de incidentes y actúen de manera proactiva para proteger la organización contra amenazas internas y externas.

 **IMPORTANTE**

Adquirir conocimientos sobre ciberseguridad prepara el terreno para introducir modelos organizativos que optimicen la protección de los activos digitales. Los modelos organizativos son esenciales para estructurar los esfuerzos de ciberseguridad dentro de una empresa, estableciendo roles claros, asignando responsabilidades y definiendo estrategias a largo plazo. Sin el conocimiento oportuno, sería difícil implementar estos modelos con eficacia ni efectividad. Por lo tanto, construir una base sólida es el primer paso para crear un entorno de ciberseguridad robusto y resiliente.

2.1. Modelos organizativos

Los **modelos organizativos en ciberseguridad** son esquemas estructurados que permiten a las empresas gestionar, coordinar y optimizar la seguridad de sus sistemas y datos. Estos modelos proporcionan un marco claro para:

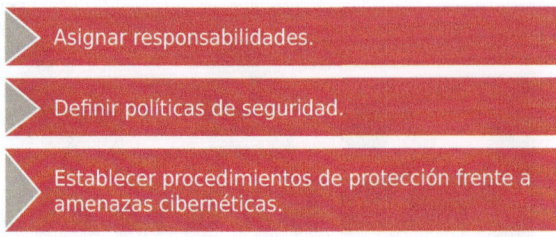

Un modelo organizativo adecuado no solo asegura la protección de los activos digitales, sino que también **mejora la resistencia de la empresa frente a posibles ataques, lo cual asegura la continuidad del negocio.**

Uno de los principales objetivos de un modelo organizativo es **garantizar que la ciberseguridad esté alineada con los objetivos estratégicos de la empresa.** Esto implica que la seguridad no debe ser vista únicamente como una función técnica, sino como una parte integral de la gestión corporativa. Algunas de las implicaciones de este modelo son:

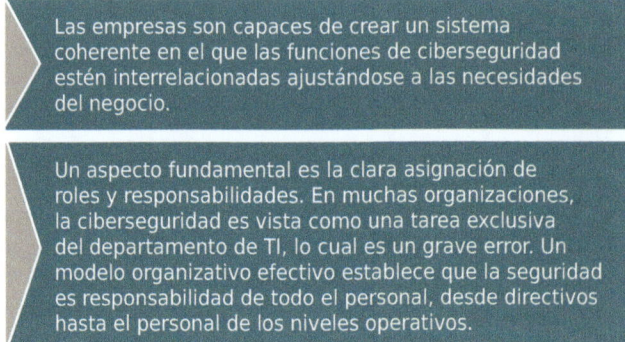

Existen **diferentes enfoques para implementar modelos organizativos de ciberseguridad.** A continuación se destacan los más relevantes:

- ⊃ **Modelo centralizado.** En este enfoque, todas las decisiones y actividades de ciberseguridad se concentran en un equipo especializado, generalmente dentro del departamento de TI o en una unidad específica de ciberseguridad. Este modelo es eficaz para organizaciones más pequeñas, donde la centralización permite un control más estricto de los recursos de seguridad. Sin embargo, puede generar cuellos de botella si no se gestiona adecuadamente.

➲ **Modelo descentralizado.** En empresas grandes y diversificadas, puede ser necesario distribuir las responsabilidades de ciberseguridad entre varias unidades de negocio o departamentos. Cada área es responsable de su propia seguridad, aunque con directrices comunes. Este modelo es útil en organizaciones que operan en múltiples geografías o sectores industriales con diferentes requisitos de seguridad.

➲ **Modelo híbrido.** Combina los enfoques centralizado y descentralizado, en los que algunas decisiones y recursos clave se gestionan a nivel central, pero con autonomía para las áreas operativas en la implementación. Este enfoque equilibra el control y la flexibilidad, lo que lo convierte en una opción atractiva para empresas medianas y grandes.

El modelo híbrido es especialmente útil cuando una empresa está sujeta a múltiples normativas de ciberseguridad, ya que permite adaptar las medidas a los diferentes requisitos legales o técnicos de cada país o región.

 APLICACIÓN PRÁCTICA

Existen diferentes enfoques para estructurar los modelos organizativos de ciberseguridad en una empresa, dependiendo de su tamaño, naturaleza y necesidades operativas. Estos modelos incluyen enfoques centralizados, descentralizados e híbridos, cada uno con sus ventajas y limitaciones. Un modelo centralizado puede proporcionar un control más estricto de los recursos, mientras que un modelo descentralizado permite flexibilidad en organizaciones grandes. El modelo híbrido equilibra el control centralizado con la autonomía local. En el contexto de una multinacional que opera en diferentes países con diversos requisitos regulatorios, ¿qué modelo organizativo sería el más adecuado para equilibrar el control y la flexibilidad en la gestión de la ciberseguridad?

Solución

El modelo híbrido, ya que es el más adecuado para una multinacional que opera en múltiples países con distintos requisitos regulatorios. Este enfoque permite gestionar algunas decisiones y recursos clave de ciberseguridad de forma centralizada, mientras otorga autonomía a las áreas operativas locales para adaptarse a las normativas y necesidades específicas de cada región. Esto equilibra el control centralizado con la flexibilidad local, asegurando una implementación efectiva de la ciberseguridad en diferentes entornos. Aunque el modelo centralizado ofrece control, puede ser demasiado rígido para empresas de gran tamaño y diversificadas.

Dentro de un modelo organizativo de ciberseguridad, las **políticas** y los **procedimientos** juegan un papel esencial:

- ⮥ **Políticas de ciberseguridad:** las políticas de ciberseguridad establecen las reglas y directrices que deben seguir todos los miembros de la organización para garantizar la protección de la información y los sistemas. Ejemplos de políticas son la gestión de contraseñas, la encriptación de datos sensibles y el acceso restringido a determinadas áreas del sistema.
- ⮥ **Procedimientos de ciberseguridad:** los procedimientos, por otro lado, detallan los pasos que deben seguir los empleados para cumplir con las políticas establecidas.
  Por ejemplo, si una política dicta que todos los dispositivos móviles deben estar encriptados, el procedimiento explicará cómo realizar la encriptación.

IMPORTANTE

Una política de seguridad de la información debe ser revisada regularmente y actualizada para reflejar los cambios en el panorama de las amenazas cibernéticas y en las operaciones de la empresa.

Un modelo organizativo también debe incluir un marco de gobernanza. La **gobernanza en ciberseguridad** hace referencia al conjunto de mecanismos mediante los cuales una empresa u organización controla y dirige su estrategia de seguridad:

- ⮥ **La creación de comités o grupos de trabajo dedicados a la ciberseguridad.** Estos comités son equipos multidisciplinarios responsables de definir, implementar y supervisar las políticas y estrategias de ciberseguridad. Su misión es garantizar que la empresa esté preparada para enfrentarse con éxito a las diferentes amenazas emergentes, coordinar esfuerzos entre departamentos y alinear las iniciativas de seguridad con los objetivos del negocio.
- ⮥ **La definición de métricas para medir el rendimiento de las estrategias implementadas.** Es esencial medir el éxito de las estrategias de ciberseguridad para asegurarse de que están funcionando adecuadamente. Las métricas clave suelen incluir el tiempo de respuesta ante incidentes, el número de vulnerabilidades detectadas y resueltas, o el

cumplimiento normativo. Estas métricas permiten evaluar el impacto de las políticas y ajustes necesarios.

⊃ **La supervisión de su cumplimiento.** La supervisión es clave para asegurar que las políticas de ciberseguridad se apliquen correctamente. Esto engloba auditorías regulares, seguimiento continuo del desempeño y correcciones cuando se detectan incumplimientos o áreas de mejora. Un enfoque constante en la supervisión garantiza que el sistema se mantenga actualizado y efectivo frente a nuevas amenazas.

 **RECUERDA**

El éxito de un modelo organizativo de ciberseguridad depende de su capacidad para adaptarse y evolucionar frente a nuevas amenazas, tecnologías y regulaciones.

2.2. Conceptos básicos y tecnológicos

Los conceptos básicos y tecnológicos de ciberseguridad constituyen los pilares sobre los cuales se construyen las estrategias y medidas de protección de los activos de información y sus sistemas. Estos conceptos permiten a las organizaciones identificar, prevenir y mitigar riesgos relacionados con el uso de las **tecnologías de la información,** protegiendo así la integridad de los datos y los sistemas ante posibles amenazas.

 **DEFINICIÓN**

Tecnologías de la información

Uso de sistemas, *software, hardware* y redes para almacenar, procesar, transmitir y gestionar información. Estas tecnologías son esenciales para la operación y el funcionamiento de las organizaciones, pues permiten la automatización de procesos, la comunicación eficiente y la gestión de grandes volúmenes de datos. Las TI abarcan áreas como la ciberseguridad, la infraestructura de redes, las bases de datos y el desarrollo de *software*. Son fundamentales para la transformación digital y la innovación en múltiples sectores.

CID: confidencialidad, integridad y disponibilidad

Uno de los conceptos fundamentales en ciberseguridad es el triángulo conformado por la **confidencialidad, la integridad y la disponibilidad (CID)**, también conocido como "tríada CIA" por sus siglas en inglés. Estos tres principios constituyen la base de cualquier estrategia de seguridad:

- **Confidencialidad:** implica garantizar que solo las personas autorizadas tengan acceso a la información sensible.
  Un ejemplo claro de la aplicación de la confidencialidad es el uso de contraseñas y encriptación para proteger datos importantes, como los números de tarjetas de crédito de los clientes en una tienda o comercio online.
- **Integridad:** significa asegurar que la información no sea alterada de manera no autorizada. Esto implica que los datos deben mantenerse correctos y completos, tanto en tránsito como en reposo (entrega o recepción). Un ejemplo es cuando una empresa garantiza que los registros de sus bases de datos no sean modificados sin los permisos adecuados, aplicando controles de acceso y sistemas de auditoría.
- **Disponibilidad:** garantiza que los sistemas y la información estén accesibles para los usuarios autorizados cuando lo necesiten.
  Un ejemplo de esto es el uso de medidas como copias de seguridad periódicas y planes de recuperación ante desastres para garantizar que los datos y sistemas estén disponibles incluso después de un ataque o fallo del sistema.

 IMPORTANTE

Recuerda que, si alguno de estos tres principios se ve comprometido, la seguridad de la información estará en riesgo.

- -

Autenticación y autorización

La **autenticación** y la **autorización** son procesos clave en la ciberseguridad:

Autenticación	- La autenticación es el proceso de verificar la identidad de un usuario, asegurándose de que sea quien dice ser. Un ejemplo es cuando un empleado entra en un sistema de información de su empresa utilizando su nombre de usuario y contraseña.
Autorización	- La autorización, por su parte, es el proceso que permite a los usuarios acceder a determinados recursos una vez que su identidad ha sido autenticada. Por ejemplo, aunque un empleado pueda autenticarse correctamente en el sistema de información de la empresa, es posible que no tenga autorización para acceder a archivos confidenciales si no tiene el nivel de permiso adecuado.

 SABÍAS QUE...

La autenticación multifactor (MFA), que combina algo que el usuario sabe (como una contraseña) con algo que tiene (como un teléfono móvil para recibir un código de verificación), es una de las formas más efectivas de garantizar una autenticación segura.

Criptografía

La **criptografía** es el arte de proteger la información mediante técnicas que transforman los datos en formatos ilegibles para usuarios no autorizados. El uso de **algoritmos de encriptación**, como AES *(Advanced Encryption Standard),* asegura que los datos solo puedan ser leídos por aquellos que tienen la clave correcta.

Un algoritmo de encriptación convierte datos legibles en un formato cifrado para proteger su confidencialidad, accesible solo mediante una clave de desencriptación. Ejemplos de estos algoritmos son: AES (Advanced Encryption Standard) y RSA (Rivest-Shamir-Adleman).

EJEMPLO

Un ejemplo típico de criptografía es cuando los correos electrónicos son encriptados para que solo el destinatario tenga acceso a la información contenida. Los certificados digitales y las firmas electrónicas también son buenos ejemplos de cómo la criptografía protege la integridad y autenticidad de los datos en la era digital actual.

Firewalls y sistemas de detección y prevención de intrusos (IDS/IPS)

Los **firewalls** y los **sistemas de detección y prevención de intrusos (IDS/IPS)** son componentes tecnológicos esenciales para proteger las redes y los sistemas frente a las amenazas externas. Representan dos conceptos básicos sobre tecnología cibernética:

Firewall	- Un *firewall* actúa como una barrera que filtra el tráfico entrante y saliente basado en reglas predefinidas. Por ejemplo, una empresa puede configurar un *firewall* para bloquear el acceso a ciertos sitios web no autorizados o para prevenir que cierto tráfico malicioso entre a la red.

Continúa en página siguiente >>

<< Viene de página anterior

IDS
- Un sistema de detección de intrusos (IDS) monitorea el tráfico en busca de comportamientos anómalos o maliciosos y alerta a los administradores. Un sistema de prevención de intrusos (IPS), por otro lado, no solo detecta el tráfico sospechoso, sino que también toma medidas automáticas para bloquearlo.

NOTA

Los *firewalls* y los sistemas IDS/IPS son herramientas fundamentales para cualquier organización que busque prevenir ataques como el *malware* o el acceso no autorizado a sus redes.

EJEMPLO

Pongamos un ejemplo práctico en el que aplicar los conceptos básicos y tecnológicos estudiados. Imagina que una pequeña empresa implementa las siguientes medidas de ciberseguridad:

1. **Confidencialidad:** utilizan encriptación de datos mediante un algoritmo de encriptación avanzado como AES *(Advanced Encryption Standard)*, para proteger la información personal de sus clientes en su plataforma web. Esto asegura que los datos solo puedan ser accesibles para quienes posean la clave correcta, con lo cual se mantiene la confidencialidad.
2. **Autenticación y autorización:** han implementado autenticación multifactor (MFA) para que los empleados accedan a sus sistemas internos, añadiendo una capa extra de seguridad. Además, establecen un sistema de autorización que define y controla qué recursos o datos pueden ser accedidos por cada empleado, de acuerdo con sus roles o permisos dentro de la organización. Esto garantiza que solo el personal autorizado tenga acceso a información sensible o sistemas críticos.
3. ***Firewalls* e IDS:** configuran un *firewall* que bloquea el tráfico no autorizado y utilizan un sistema de detección de intrusos (IDS) que monitorea cualquier

Continúa en página siguiente >>

<< Viene de página anterior

actividad sospechosa dentro de la red y alerta al equipo de seguridad en caso de posibles amenazas.

Todas estas acciones básicas y tecnológicas, así como el uso de algoritmos de encriptación, mejoran significativamente la seguridad de la empresa y la protegen contra amenazas habituales, como los ataques de fuerza bruta o el robo de datos.

 **APLICACIÓN PRÁCTICA**

En el contexto de una empresa pequeña que ha implementado un *firewall* para bloquear tráfico no autorizado y un sistema de detección de intrusos (IDS), de los siguientes pasos, ¿cuál sería el siguiente paso lógico, para mejorar la protección de la red frente a amenazas activas?

- **Actualizar el *firewall* a un modelo más avanzado.**
- **Implementar un sistema de prevención de intrusos (IPS) para bloquear automáticamente el tráfico malicioso.**
- **Reconfigurar el IDS para monitorear solo el tráfico saliente.**
- **Desactivar el *firewall* y confiar únicamente en el IDS.**

Solución

El siguiente paso lógico para mejorar la protección de la red de la empresa sería implementar un sistema de prevención de intrusos (IPS). Mientras que el IDS detecta el tráfico malicioso y alerta a los administradores, el IPS no solo detecta, sino que también bloquea automáticamente el tráfico sospechoso, proporcionando una defensa activa contra amenazas en tiempo real. Esto sería más efectivo que simplemente actualizar el *firewall* o reconfigurar el IDS.

2.3. Role de las personas

El papel de las personas en la ciberseguridad es fundamental, ya que no solo las tecnologías, sino también las acciones humanas influyen en la protección de los activos de información. Aunque las herramientas tecnológicas como *firewalls,* antivirus y encriptación juegan un papel clave, las personas son el eslabón más importante, y a menudo el más vulnerable, en cualquier estrategia de ciberseguridad. Este aspecto humano abarca desde los usuarios finales hasta los altos ejecutivos de los organismos. La formación, el comportamiento y la concienciación determinarán en gran medida la seguridad general de la organización.

Por tanto, es posible afirmar que uno de los mayores desafíos en ciberseguridad es el **factor humano.** Los cibercriminales suelen explotar los errores cometidos por personas, como la apertura de correos electrónicos de *phishing* o el uso de contraseñas débiles, para acceder a redes y sistemas informáticos o de información. Por ello, es vital que todas las personas que conforman una organización reciban una formación continua en prácticas seguras de uso de la tecnología. Esta capacitación debe incluir desde principios básicos, como la importancia de no compartir contraseñas o mantener los dispositivos a buen recaudo, hasta tácticas más avanzadas, como la identificación de intentos de ingeniería social.

La **ingeniería social** es una técnica utilizada por la ciberdelincuencia para manipular a las personas y hacer que revelen información confidencial o realicen acciones que comprometan la seguridad de la información. En lugar de atacar directamente los sistemas informáticos, los atacantes explotan la confianza o el desconocimiento de las personas para obtener acceso a datos sensibles, como contraseñas, información personal o detalles financieros.

 IMPORTANTE

Aunque la seguridad informática y de la información nunca puede garantizarse al 100 %, la implementación de buenas prácticas, como el uso de autenticación multifactor, algoritmos de encriptación, *firewalls* y la concienciación sobre la ingeniería social, puede reducir significativamente los riesgos y las vulnerabilidades. Al adoptar una **estrategia de ciberseguridad integral,** las organizaciones pueden minimizar la probabilidad de sufrir ataques y, en caso de un incidente, mitigar el impacto sobre sus sistemas y sus datos.

Dentro de una organización, diferentes personas desempeñan **roles** específicos que afectan directamente a la ciberseguridad. Algunos roles son:

➲ *Chief Information Security Officer* (**CISO**). Se trata del responsable de la estrategia de ciberseguridad de la organización a nivel directivo. Su rol implica la toma de decisiones estratégicas sobre cómo proteger los activos digitales, asegurando que las políticas y procedimientos estén alineados con los objetivos del negocio y las normativas.

- **Administradores de sistemas.** Son responsables de la implementación técnica de las políticas de seguridad. Su tarea es configurar y mantener sistemas seguros, asegurando que los parches de seguridad estén actualizados y que las redes sean monitoreadas continuamente.
- **Desarrolladores de *software*.** Los desarrolladores tienen un rol clave en la ciberseguridad, al crear aplicaciones y sistemas que deben ser seguros desde su diseño. El desarrollo de *software* seguro (conocido como *security by design*) implica considerar las vulnerabilidades potenciales desde las primeras fases del desarrollo.
- **Usuarios finales.** Aunque no sean expertos en tecnología, los usuarios finales también tienen un rol vital en la ciberseguridad. Son los que interactúan directamente con los sistemas de información de la organización. Deben seguir las políticas de seguridad, como usar contraseñas fuertes, evitar el acceso a sitios web maliciosos y mantener actualizado su *software*.

NOTA

El CISO puede desarrollar una excelente política de seguridad, pero, si los usuarios finales no siguen esas directrices, la organización siempre estará expuesta a riesgos cibernéticos.

Desarrollar una **cultura de ciberseguridad** dentro de una organización es clave para asegurar que todos los empleados entiendan la importancia de la seguridad en sus actividades diarias. Esta cultura debe promover la colaboración entre diferentes departamentos, la transparencia sobre los riesgos de seguridad y la creación de un entorno donde los empleados se sientan cómodos comunicando incidentes de seguridad, como posibles intentos de *phishing* o la pérdida de dispositivos móviles.

SABÍAS QUE...

Según un estudio de IBM, el 95 % de los incidentes de ciberseguridad se deben en parte al error humano. Una cultura de ciberseguridad fuerte puede reducir significativamente esta cifra (IBM, s.f.).

Aunque los ciberataques externos, como el *malware* y los *hackers,* suelen acaparar la atención, no se debe pasar por alto la llamada **amenaza interna.** Los empleados descontentos, los contratistas o los socios o colaboradores del negocio con acceso privilegiado pueden representar riesgos de seguridad significativos. Por lo tanto, una gestión adecuada de los accesos y la monitorización del comportamiento de los usuarios es esencial para mitigar estas amenazas.

 SABÍAS QUE...

Según un informe de Verizon, las amenazas internas representan el 34 % de todas las brechas.

3. Identificación de amenazas, ataques y vulnerabilidades de los sistemas

☞ **HILO CONDUCTOR**

Mario, al notar un comportamiento inusual en el servidor, recordó los principios fundamentales de la ciberseguridad que había aprendido. Sabía que debía actuar con rapidez, comenzando por identificar las posibles amenazas que podían estar comprometiendo la red de TechSystems. Inmediatamente revisó los registros de actividad para buscar señales de un ataque de denegación de servicio o intentos de acceso no autorizado. Esto podría indicar una intrusión externa. Al mismo tiempo, comenzó a evaluar las posibles vulnerabilidades que podrían haber facilitado el ataque, como contraseñas débiles o configuraciones incorrectas. Con una mirada rápida a los sistemas, Mario también consideró la posibilidad de un ataque interno o la presencia de un *malware*, y reconoció que la ciberseguridad no solo dependía de la tecnología, sino también de identificar y mitigar las amenazas antes de que pudieran causar daños irreparables.

Las amenazas en ciberseguridad representan cualquier posible evento o entidad que pueda comprometer la integridad, confidencialidad o disponibilidad de un sistema.

Un ciberataque es una amenaza materializada.

Las amenazas pueden ser de origen **interno** o **externo:**

Amenazas internas	Amenazas externas
- Las amenazas internas abarcan a los empleados o contratistas que tienen acceso legítimo a los sistemas, pero que pueden causar daño, ya sea intencionalmente (por ejemplo, un empleado descontento) o por error (como la mala gestión de datos sensibles).	- Provienen de actores malintencionados como son los *hackers* no éticos, organizaciones criminales o incluso Gobiernos que buscan explotar vulnerabilidades en los sistemas de información. Estas amenazas externas suelen ser más comunes y visibles, y suelen manifestarse a través de ataques de *malware, phishing* o *ransomware.* Además, los ataques pueden ser dirigidos, como cuando un *hacker* apunta a una organización específica, o indiscriminados, cuando el objetivo es comprometer cualquier sistema vulnerable que se encuentre.

Para **la identificación de ciberataques,** es fundamental saber que estos son la manifestación de las amenazas, es decir, las acciones llevadas a cabo para explotar una vulnerabilidad en un sistema. Algunos de los diferentes tipos de ataques cibernéticos son:

- ⮞ *Phishing:* este es uno de los ataques más comunes. Consiste en engañar a los usuarios para que revelen información confidencial, como contraseñas o números de tarjetas de crédito, haciéndose pasar por una entidad de confianza, generalmente a través de correos electrónicos o mensajes falsos.

⮕ **Ataques de denegación de servicio (DoS y DDoS):** estos ataques buscan saturar un servidor o red con tráfico excesivo, lo cual provoca que los sistemas se sobrecarguen y se vuelvan inaccesibles. Un ataque DoS permite detener las operaciones de una empresa, lo cual provoca pérdidas económicas significativas.

⮕ *Ransomware:* es un tipo de *malware* que cifra los archivos de una organización y exige un rescate para restaurar el acceso a los datos. Los ataques de *ransomware* han sido cada vez más comunes. Son muy peligrosos, ya que pueden paralizar por completo las operaciones de una empresa si no se cuenta con medidas de contingencia adecuadas.

⮕ **Ataques de día cero:** estos ataques aprovechan vulnerabilidades que aún no han sido identificadas ni solucionadas por los desarrolladores de *software*. Esta circunstancia los hace particularmente peligrosos porque no existen defensas preestablecidas contra ellos.

Igualmente, para **la identificación de vulnerabilidades** hay que saber que estas son puntos débiles en los sistemas o redes que pueden ser explotados por los atacantes. Estas debilidades nacen debido a:

Contraseñas débiles o comprometidas
- El uso de contraseñas simples o reutilizadas es una de las principales vulnerabilidades en cualquier sistema. Los atacantes ejecutan ataques de fuerza bruta para descifrar estas contraseñas y obtener acceso a sistemas sensibles.

***Software* desactualizado**
- Muchos sistemas informáticos dependen de un *software* que requiere actualizaciones regulares para corregir vulnerabilidades conocidas. Si estas actualizaciones no se aplican, los atacantes pueden explotar esas vulnerabilidades para acceder al sistema.

Configuraciones incorrectas
- Un mal ajuste en la configuración de servidores, redes o bases de datos puede dejar brechas de seguridad que los atacantes pueden aprovechar. Esto incluye permisos excesivos, servicios innecesarios habilitados o políticas de seguridad inadecuadas.

 **VÍDEO**

Un ataque de fuerza bruta es una técnica muy utilizada por ciberdelincuentes para vulnerar contraseñas. Accede al siguiente vídeo en el cual se explica de manera clara y concisa los fundamentos de este tipo de ciberataque, y destaca la importancia de contar con medidas de seguridad sólidas para protegerse. Ofrece una visión detallada de cómo los atacantes explotan las debilidades de las contraseñas simples y qué estrategias puedes adoptar para defenderte.

Accede al vídeo desde aquí:

https://redirectoronline.com/ifct00500102

3.1. Tipo de amenazas y actores relevantes en el cibercrimen

El **cibercrimen** es una de las mayores amenazas para organizaciones, Gobiernos y usuarios en la era digital. Los ataques cibernéticos causan cada año graves daños económicos, comprometen la privacidad y la integridad de los datos, y perjudican la reputación de sus víctimas.

Para abordar estas amenazas con eficacia, es esencial comprender los diferentes tipos de ataques que pueden ocurrir y los actores que los llevan a cabo. Hay que saber que cada día nacen nuevas amenazas, por lo que el estado de alerta debe ser constante.

Tipos de amenaza

A continuación, se analizan algunos de los tipos de amenaza más comunes en el cibercrimen. Ciertos ciberataques ya se han nombrado previamente, aunque en este apartado se abordan acontecimientos históricos que fueron provocados por el uso de estos mecanismos para delinquir. Algunos de esos ciberataques son:

- **Malware.** El *malware* o *software* malicioso es una de las amenazas más comunes y peligrosas en el ciberespacio. Existen varias formas de *malware:* virus, gusanos, troyanos y *ransomware.* Su propósito principal es infiltrarse en los sistemas y las redes para dañar o robar información.

  Un ejemplo típico de *malware* es el *ransomware,* que cifra los archivos de una organización y luego exige un rescate para liberarlos. El ataque de *ransomware* WannaCry en 2017 afectó a miles de empresas y organizaciones en todo el mundo, incluidas infraestructuras críticas como hospitales, lo que provocó la paralización de sus operaciones.

- **Phishing.** El *phishing* es una técnica utilizada por los cibercriminales para engañar a los usuarios y hacer que revelen información confidencial, como contraseñas o detalles financieros. Los atacantes se hacen pasar por entidades legítimas mediante correos electrónicos, mensajes o sitios web falsos.

  En 2020, se reportó un aumento en los ataques de *phishing* relacionados con la pandemia de COVID-19. Los atacantes enviaban correos electrónicos que parecían provenir de organizaciones de salud, como la OMS, con enlaces maliciosos diseñados para robar información personal de las víctimas.

- **Ataques de denegación de servicio (DoS y DDoS).** Los ataques de denegación de servicio (DoS) y de denegación de servicio distribuida (DDoS) buscan interrumpir el funcionamiento normal de un sistema o red, al inundarlo con un volumen excesivo de solicitudes. Esto provoca que los recursos del sistema se agoten, lo que hace que los servicios sean inaccesibles para los usuarios legítimos.

  La diferencia principal entre un **ataque de denegación de servicio (DoS) y un ataque de denegación de servicio distribuida (DDoS)** radica en la cantidad de dispositivos o fuentes que realizan el ataque y la magnitud de estos:

  - **Ataque DoS (denegación de servicio):** un ataque DoS ocurre cuando un único atacante utiliza un solo sistema para inundar un servidor o red con solicitudes o tráfico excesivo, con el objetivo de sobrecargar sus recursos y hacer que los servicios se vuelvan inaccesibles para los usuarios legítimos. En este caso, todo el ataque proviene de una única fuente.

  - **Ataque DDoS (denegación de servicio distribuida):** un ataque DDoS es una versión más compleja del DoS. El atacante utiliza múltiples dispositivos (generalmente una red de equipos comprometidos o botnets, que son dispositivos zombis) para lanzar el ataque de manera coordinada desde diferentes ubicaciones geográficas. Al distribuir el ataque entre muchas fuentes, es más difícil de mitigar, ya que el tráfico parece provenir de múltiples orígenes legítimos.

En 2016, el ataque DDoS a Dyn, un proveedor de DNS, afectó a grandes empresas como X, Netflix y Reddit. El ataque utilizó una red *botnet* compuesta de dispositivos de internet de las cosas (IoT). Esto puso en alerta de cómo los atacantes aprovechan las vulnerabilidades de dispositivos conectados.

◌ **Ingeniería social.** La ingeniería social es una técnica mediante la cual los atacantes manipulan a las personas para que revelen información confidencial o realicen acciones que comprometan la seguridad de un sistema. A menudo, los cibercriminales se valen de la confianza o la falta de conocimientos de las víctimas.

Por ejemplo, un ataque común de ingeniería social es el *pretexting*. Consiste en que el atacante finge ser una persona de confianza, como un empleado del soporte técnico, para obtener información de acceso o instalar *malware* en el dispositivo de la víctima.

◌ *Exploits* **de día cero.** Un ataque de día cero hace referencia a la explotación de una vulnerabilidad en el *software* que aún no ha sido identificada ni corregida por los desarrolladores. Este tipo de ataque es altamente peligroso, ya que no hay soluciones disponibles para contrarrestarlo en el momento en que ocurre.

Por ejemplo, en 2021, se descubrió una vulnerabilidad de día cero en *Microsoft Exchange* que fue utilizada para comprometer miles de servidores en todo el mundo. Robaron correos electrónicos y otra información sensible.

 **APLICACIÓN PRÁCTICA**

El cibercrimen abarca una amplia gama de amenazas que pueden causar graves daños a las organizaciones y a los usuarios individuales. Entre las más comunes se encuentran el *malware*, el *phishing*, los ataques de denegación de servicio (DoS/DDoS), la ingeniería social y los *exploits* de día cero. Cada uno de estos ataques tiene un propósito específico y puede ser llevado a cabo por diferentes actores malintencionados, como *hackers* independientes, cibercriminales organizados o incluso actores estatales.

En el contexto de una empresa que ha sido blanco de un ataque de *ransomware*, ¿cuál de las siguientes medidas sería la más efectiva para evitar que un ataque similar comprometa sus sistemas en el futuro?

Continúa en página siguiente >>

<< Viene de página anterior

- Instalar un *software* antivirus y desactivar los sistemas de respaldo.
- Implementar autenticación multifactor (MFA) y realizar copias de seguridad periódicas de los datos.
- Eliminar todos los sistemas de la red para evitar accesos externos.
- Contratar a una empresa externa para la recuperación de datos sin hacer cambios en la seguridad de la red.

Solución

La medida más efectiva para evitar que un ataque de *ransomware* comprometa los sistemas en el futuro es implementar autenticación multifactor (MFA), lo cual dificultará que los atacantes accedan a los sistemas críticos. Además, realizar copias de seguridad periódicas de los datos permitirá restaurar la información sin necesidad de pagar un rescate. Desactivar los sistemas de respaldo o no hacer cambios en la seguridad no son enfoques adecuados para prevenir futuros ataques.

Actores relevantes en el cibercrimen

A continuación, se muestran los actores más relevantes en este ámbito ciberdelictivo:

- *Hackers* **independientes (*hackers* no éticos):** los *hackers* independientes son individuos que actúan por cuenta propia, motivados por la fama, el reto o bien el beneficio económico. Los *hackers* no éticos buscan vulnerabilidades para explotarlas y ocasionar un perjuicio, mientras que otros, conocidos como **hackers éticos,** lo hacen para mejorar la seguridad de los sistemas de información.
  Por ejemplo, Kevin Mitnick, uno de los *hackers* más famosos, fue arrestado por acceder ilegalmente a sistemas de empresas como Nokia y Motorola en la década de 1990. Después de cumplir su condena, Mitnick se convirtió en un consultor de seguridad y un *hacker* ético.
- **Cibercriminales organizados:** las organizaciones criminales que operan en el ciberespacio son responsables de muchos de los ataques más sofisticados y perjudiciales para sus víctimas. Estos grupos de delincuentes están involucrados en el robo de información, la distribución de *malware* y la venta de datos personales en la **dark web.**
  La *dark web* es una parte oculta de internet a la que no se puede acceder mediante motores de búsqueda convencionales. A diferencia de la *deep*

web, que contiene contenido legítimo no indexado, la *dark web* está deliberadamente oculta y solo se puede acceder a través de *software* especializado como Tor *(The Onion Router).*

Por ejemplo, el grupo cibercriminal conocido como REvil es el responsable de múltiples ataques de *ransomware* a grandes empresas en todo el mundo. En 2021, REvil exigió un rescate de 70 millones de dólares tras comprometer a Kaseya, un proveedor de *software* de gestión informática.

- **Hacktivistas:** los *hacktivistas* son individuos o grupos que utilizan la piratería informática para promover causas políticas o sociales. A menudo, realizan ataques de denegación de servicio o filtran información confidencial para llamar la atención sobre sus objetivos.

Por ejemplo, Anonymous, un colectivo internacional de *hacktivistas,* ha llevado a cabo múltiples ataques contra Gobiernos y corporaciones en nombre de la libertad de información y los derechos civiles.

- **Estados nacionales:** los Estados nacionales también juegan un papel importante en el cibercrimen. Utilizan ciberataques como una forma de espionaje, sabotaje o guerra cibernética. Los ataques patrocinados por el Estado suelen estar dirigidos a infraestructuras críticas o redes gubernamentales de países enemigos.

Por ejemplo, se sospecha que Rusia estuvo detrás del ataque cibernético de 2017 llamado NotPetya, que afectó a empresas e infraestructuras de Ucrania, y que luego se extendió globalmente y causó daños cifrados en miles de millones de dólares.

 ACTIVIDAD COMPLEMENTARIA

1. Teniendo en cuenta los principios y amenazas, ¿cuál consideras que es el mayor desafío al que se enfrentan las organizaciones hoy en día en cuanto a la seguridad de sus datos y por qué? ¿Cómo crees que los mecanismos de prevención, detección y recuperación pueden ayudar a mitigar estos riesgos? ¿Qué tipo de medidas crees que son más efectivas en un entorno donde las amenazas cibernéticas evolucionan constantemente?

4. Realización de una evaluación de seguridad y gestión de riesgos

☞ HILO CONDUCTOR

Con los activos críticos de TechSystems ya identificados y las vulnerabilidades preliminares detectadas, Mario procedió a realizar una evaluación de seguridad más detallada. Utilizó herramientas especializadas para escanear los sistemas en busca de fallos y confirmó que uno de los servidores no estaba correctamente parcheado y presentaba configuraciones inseguras. Reconociendo el riesgo, Mario priorizó la mitigación de este punto débil, sabiendo que podría ser el origen de la intrusión. Al mismo tiempo, gestionó los riesgos evaluando el impacto potencial de un ataque en los sistemas clave de la empresa, y comenzó a implementar medidas correctivas, como actualizar los sistemas vulnerables y reforzar las políticas de acceso. Mientras tanto, monitorizaba de cerca cualquier actividad sospechosa, consciente de que tanto las amenazas internas como los actores externos podían estar detrás del comportamiento anómalo detectado en la red.

La evaluación de seguridad y la gestión de riesgos son procesos fundamentales en cualquier estrategia de ciberseguridad. Su objetivo principal es identificar, analizar y mitigar los riesgos que puedan comprometer la seguridad de los sistemas y la información de una organización. Una evaluación de seguridad eficaz permite no solo proteger los activos críticos, sino también asegurar la continuidad del negocio frente a posibles incidentes cibernéticos.

El propósito de la evaluación es detectar posibles puntos débiles, que podrían ser explotados por actores malintencionados. Por ejemplo, una correcta evaluación puede descubrir que un sistema utiliza *software* desactualizado, que tiene configuraciones de seguridad inadecuadas o que el personal no sigue correctamente las políticas de seguridad, como el uso de contraseñas seguras. Las **fases** de la evaluación de seguridad son:

➲ **Identificación de activos críticos.** El primer paso en una evaluación de seguridad es identificar los activos más críticos para la organización. Estos activos suelen incluir sistemas de información, bases de datos, aplicaciones o cualquier otro recurso que sea esencial para las operaciones clave del negocio. Identificar qué debe protegerse es fundamental para enfocar correctamente los esfuerzos de seguridad.

Por ejemplo, para un comercio *online,* la base de datos de clientes y el sistema de pago en línea serían activos críticos, ya que una violación en estos sistemas podría comprometer información sensible y generar pérdida de confianza de los clientes.

- **Identificación de vulnerabilidades.** Una vez que se han identificado los activos críticos, el siguiente paso es descubrir las vulnerabilidades presentes en el sistema. Las vulnerabilidades son fallas o debilidades que los atacantes podrían aprovechar para comprometer la seguridad de la organización. Estas pueden ser errores de *software,* configuraciones incorrectas, contraseñas débiles o la falta de actualizaciones de seguridad.

  Por ejemplo, un sistema de gestión de datos sin actualizaciones recientes contiene vulnerabilidades que los atacantes ya conocen y podrían aprovechar si no se parchean a tiempo.

- **Análisis de amenazas.** Después de identificar las vulnerabilidades, es necesario analizar las amenazas a las que la organización está expuesta. Las amenazas pueden ser desde ataques internos, como empleados descontentos, hasta amenazas externas como ataques de *malware, ransomware* o intentos de *phishing.*

  Las amenazas y las vulnerabilidades deben analizarse en conjunto, ya que una vulnerabilidad solo es peligrosa si existe una amenaza que pueda aprovecharla.

- **Evaluación del impacto.** En esta fase, se evalúa el impacto que tendría una amenaza si explotara una vulnerabilidad. El impacto puede ser económico, reputacional o relacionado con la pérdida de datos críticos. Este paso es fundamental para priorizar los riesgos más importantes y concentrar los esfuerzos en proteger los activos que podrían generar las mayores pérdidas para la organización.

  Es esencial determinar el nivel de impacto para cada activo, ya que no todos los activos tienen el mismo valor para la organización. Priorizar es clave para una gestión eficiente de los recursos.

- **Gestión de riesgos.** La gestión de riesgos es el proceso continuo de tomar decisiones basadas en información de valor para mitigar o reducir los riesgos identificados. Esto implica seleccionar e implementar controles de seguridad, como *firewalls,* sistemas de detección de intrusos, encriptación de datos, etc.

  Algunas normativas de seguridad, como ISO 27001, proporcionan marcos de trabajo que las organizaciones pueden seguir para gestionar sus riesgos con efectividad.

PARA SABER MÁS

La página de vulnerabilidades del INCIBE-CERT (Instituto Nacional de Ciberseguridad) es una herramienta clave para quienes se interesan en ciberseguridad. Publica vulnerabilidades conocidas en sistemas y *software*, clasificadas por nivel de gravedad, con la opción de realizar búsquedas avanzadas. Cada vulnerabilidad está identificada por un código CVE y muchas incluyen soluciones para mitigar riesgos. Explorar esta página es clave para protegerse contra las amenazas cibernéticas más recientes.

Accede a la página desde aquí:

https://redirectoronline.com/ifct00500103

 TAREA 1

Una empresa de *retail* en línea ha comenzado a expandir su negocio rápidamente y, con el crecimiento, ha aumentado la cantidad de datos de clientes que almacena, así como la complejidad de su infraestructura tecnológica. Como parte del equipo de ciberseguridad, te han pedido que realices un análisis detallado de los riesgos tecnológicos que podrían comprometer la seguridad de la empresa. Durante el análisis, identificas posibles vulnerabilidades en la red, falta de autenticación multifactor para el acceso a sistemas críticos y configuraciones inadecuadas en algunos servidores que no han sido actualizados.

¿Qué tipos de riesgos tecnológicos consideras más críticos en este caso y por qué? Analiza e identifica riesgos tecnológicos que puedan afectar a la empresa. Describe los pasos que darías para analizar e identificar tales riesgos.

4.1. Metodología gestión riesgos

La **gestión de riesgos** es un proceso fundamental en la ciberseguridad y en la protección de cualquier organización. **Permite identificar, evaluar y mitigar los riesgos que pueden afectar a los sistemas, redes y datos críticos.**

La implementación de una metodología sólida de gestión de riesgos asegura que las organizaciones puedan anticiparse a posibles amenazas y minimizar su impacto. La metodología de gestión de riesgos sigue varios pasos estructurados, que ayudan a las empresas a protegerse frente a las vulnerabilidades y a establecer un plan de respuesta ante incidentes. Las diferentes **etapas** que componen la metodología para la gestión de riesgos son:

- **Identificación de activos críticos.** El primer paso en la metodología de gestión de riesgos es identificar los activos críticos de la organización. Estos activos pueden incluir datos confidenciales, sistemas de gestión de clientes, servidores de red, bases de datos, dispositivos IoT o cualquier componente que sea esencial para la operativa diaria de la empresa. Es crucial comprender qué activos son más valiosos y qué impacto tendría su pérdida o compromiso. Por ejemplo, para una empresa de comercio electrónico, los sistemas de pago en línea y la base de datos de clientes son activos esenciales que, si se ven comprometidos, podrían tener un impacto devastador en la confianza del cliente y en los ingresos.
- **Identificación de vulnerabilidades y amenazas.** El segundo paso es identificar las vulnerabilidades presentes en los sistemas y las amenazas que podrían aprovecharlas. Las vulnerabilidades son puntos débiles en los sistemas, como *software* desactualizado, contraseñas débiles o configuraciones incorrectas, que podrían ser explotados por actores malintencionados. Las amenazas pueden ser internas, como empleados descontentos o negligentes, o externas, como *hackers*, *malware* o *ransomware*. Este proceso de identificación se realiza mediante auditorías, escaneos de vulnerabilidades y la revisión de configuraciones de seguridad.
  Por ejemplo, una vulnerabilidad común es el uso de contraseñas débiles, que pueden ser fácilmente descubiertas mediante un ataque de fuerza bruta. Si una organización no establece políticas estrictas de contraseñas, esta vulnerabilidad puede ser explotada por un atacante para obtener acceso no autorizado a los sistemas.
- **Evaluación de riesgos.** Una vez identificadas las vulnerabilidades y amenazas, el siguiente paso es evaluar los riesgos asociados. Esta evaluación implica determinar la probabilidad de que una amenaza explote una vulnerabilidad y el impacto que tendría en la organización.

Para realizar esta evaluación, se puede utilizar una matriz de riesgos que clasifica los riesgos en función de su probabilidad e impacto. Los riesgos pueden clasificarse como bajos, medios o altos. Los riesgos altos son aquellos que tienen tanto una alta probabilidad de ocurrir como un gran impacto en la organización, por lo que deben priorizarse en las acciones de mitigación.

Por ejemplo, si una organización depende de un sistema de *software* que tiene una vulnerabilidad conocida pero no ha aplicado el parche de seguridad correspondiente, el riesgo de que esa vulnerabilidad sea explotada es alto, y el impacto de un ataque podría ser significativo.

➲ **Implementación de controles y mitigación.** El siguiente paso es mitigar los riesgos identificados mediante la implementación de controles de seguridad adecuados. Estos controles pueden ser de naturaleza preventiva, correctiva o de detección:

   ☯ Los **controles preventivos** evitan que ocurran incidentes, como la instalación de *firewalls,* la encriptación de datos o el uso de autenticación multifactor (MFA).

   ☯ Los **controles correctivos** minimizan los daños una vez que un incidente ha ocurrido, como la restauración de sistemas mediante copias de seguridad o la aplicación de parches de seguridad.

   ☯ Los **controles de detección** permiten identificar amenazas en tiempo real, como sistemas de detección de intrusos (IDS).

El objetivo es reducir el riesgo a un nivel aceptable para la organización. Por ejemplo, si un sistema no está correctamente configurado y presenta vulnerabilidades, un control preventivo podría ser la revisión y corrección de la configuración, además de la implementación de un sistema de monitoreo para detectar actividad inusual.

➲ **Monitoreo y revisión continua.** El último paso de la metodología de gestión de riesgos es el monitoreo y la revisión continua de los controles y riesgos. Los riesgos evolucionan con el tiempo, a medida que aparecen nuevas amenazas y vulnerabilidades, por lo que es crucial realizar revisiones periódicas para asegurarse de que las medidas de seguridad implementadas siguen siendo efectivas.

Esto incluye la actualización de políticas de seguridad, la realización de auditorías de seguridad periódicas y la revisión de los planes de respuesta a incidentes. El monitoreo constante permite a las organizaciones detectar rápidamente posibles ataques y reaccionar de manera oportuna.

SABÍAS QUE...

Existen varios modelos y estándares internacionales que guían la realización de una evaluación de seguridad y la gestión de riesgos. Aunque más adelante se analiza los diferentes estándares de ciberseguridad, ahora se muestra un pequeño avance de algunos de los más utilizados:

- **ISO 27001.** Este estándar internacional especifica los requisitos para establecer, implementar y mantener un sistema de gestión de seguridad de la información (SGSI). Proporciona un marco para la identificación y la gestión de riesgos, asegurando la confidencialidad, integridad y disponibilidad de la información.
- **NIST 800-53.** Este estándar, desarrollado por el Instituto Nacional de Estándares y Tecnología (NIST) de EE. UU., proporciona un conjunto de controles de seguridad y privacidad para proteger la infraestructura digital.
- **COBIT 5.** Este marco de control ayuda a las organizaciones a desarrollar, implementar y mejorar la gestión de riesgos relacionados con las tecnologías de la información.

ACTIVIDAD COMPLEMENTARIA

2. Las vulnerabilidades son puntos débiles en los sistemas que las amenazas, internas o externas, pueden explotar. Una técnica avanzada es la esteganografía, que consiste en que *scripts* maliciosos, como imágenes, se ocultan en archivos, eludiendo las herramientas de seguridad.

   En un ejemplo práctico realizado por Thomas O'Neil Álvarez, publicado en el artículo "¡Así ocultan scripts maliciosos en las imágenes que descargas! ¿Sabías que pueden ocultar scripts maliciosos en imágenes que parecen inofensivas? (O'Neil Álvarez, 2024), se muestra cómo se puede ocultar un archivo malicioso en una imagen utilizando una herramienta como Steghide.

   ¿Qué opinas sobre esta técnica de ocultación de *scripts*? ¿Qué métodos o medidas organizativas crees que son más efectivos para evitar este tipo de amenazas?

4.2. Alcance, activos críticos, identificación y valoración riesgos negocio

El **alcance** en la gestión de riesgos define las fronteras dentro de las cuales se analizarán los riesgos, lo que permite que las organizaciones concentren sus esfuerzos en las áreas más relevantes. Dentro de este proceso, se identifican los **activos críticos,** aquellos recursos esenciales para el funcionamiento del negocio y cuya protección es prioritaria. La **identificación y valoración de riesgos** permite a las organizaciones comprender las posibles amenazas y vulnerabilidades que pueden afectar estos activos, lo cual facilita la toma de decisiones para mitigar los riesgos y proteger el negocio con eficacia.

Abordemos ahora el concepto **alcance** dentro del contexto de la ciberseguridad. El alcance en la gestión de riesgos de ciberseguridad define los límites y las áreas de enfoque del proceso de identificación, evaluación y mitigación de riesgos. Es un aspecto fundamental en la planificación, ya que establece qué sistemas, activos, procesos y recursos deben estar incluidos en la evaluación de riesgos.

IMPORTANTE

Un alcance claramente definido permite a una organización concentrar sus esfuerzos en las áreas más críticas y con mayor impacto en la seguridad de la información.

Para determinar el alcance, se deben tener en cuenta varios **aspectos:**

1. El **entorno** general de la organización.
2. Los **objetivos de negocio** y las **normativas** de cumplimiento relevantes. Esto significa identificar qué partes de la infraestructura tecnológica estarán bajo revisión, como servidores, redes, aplicaciones y bases de datos, además de evaluar los procesos operativos y el personal involucrado.
3. Además, se debe considerar si se incluirán solo los **activos tecnológicos** o también los **físicos** y **humanos,** así como las **interacciones con terceros,** como proveedores y socios.

◎ EJEMPLO

Pongámonos en la situación de un comercio electrónico que maneja una gran cantidad de datos sensibles de clientes, incluyendo información financiera y personal. A medida que la empresa decide implementar un plan de gestión de riesgos de ciberseguridad, es decisivo definir el alcance del proceso para asegurarse de que se aborden las áreas más críticas.

1. El alcance debe comenzar por identificar las áreas dentro de la infraestructura tecnológica y operativa que necesitan ser protegidas. En este caso, los servidores que manejan transacciones de pagos y la base de datos que almacena la información de los clientes serían los elementos clave que deben estar dentro del alcance.
2. Al mismo tiempo de proteger los sistemas, la empresa también debe cumplir con normativas como PCI-DSS (para la seguridad de pagos con tarjeta). El alcance incluirá no solo la revisión de los servidores de pagos, sino también de las redes, aplicaciones y procesos relacionados con el manejo de datos financieros. Aquí, será fundamental revisar la seguridad de las pasarelas de pago y asegurar que los empleados que manejan estos datos estén capacitados en ciberseguridad.
3. En el alcance de la gestión de riesgos se incluirán también los activos físicos, como los servidores de la empresa y las redes que conectan a sus diferentes sedes. Igualmente, se debe considerar el personal, como el equipo de TI y los empleados que procesan los pedidos, para garantizar que sigan las políticas de seguridad. Por último, es necesario incluir a terceros como los proveedores de servicios de pago o almacenamiento en la nube, que también interactúan con los datos y pueden ser fuentes de riesgo.

Una de las primeras tareas en la definición del alcance es decidir si la evaluación abarcará toda la organización o solo una parte específica. En organizaciones grandes o complejas, puede ser necesario abordar la evaluación de riesgos por fases, comenzando con las áreas de mayor riesgo o impacto. Por ejemplo, una empresa puede empezar evaluando los sistemas financieros y de recursos humanos, que son críticos, y luego expandir el alcance a otras áreas menos prioritarias.

Una vez definido el alcance, se deben documentar claramente los activos y procesos incluidos. Esto facilita la alineación entre los equipos de ciberseguridad, los responsables del negocio y la alta dirección, y garantiza que todos comprendan qué aspectos de la organización estarán sujetos a la evaluación y gestión de riesgos.

Activos críticos

Los **activos críticos** son aquellos recursos, tanto tecnológicos como humanos, cuya protección es esencial para el funcionamiento y continuidad del negocio. Identificar estos activos es uno de los primeros pasos en cualquier proceso de gestión de riesgos, ya que permite priorizar los esfuerzos de seguridad hacia aquellos componentes cuya pérdida o compromiso tendría un impacto significativo en la organización. Estos activos pueden incluir *hardware, software,* datos, infraestructura de red, aplicaciones e incluso el personal clave de la organización.

Para identificar los activos críticos, es importante realizar un inventario exhaustivo de todos los recursos que participan en las operaciones diarias de la empresa. Este inventario debe ir más allá de los sistemas y datos obvios, como los servidores principales o las bases de datos de clientes, e incluir también sistemas de respaldo, aplicaciones de soporte y cualquier otro recurso que desempeñe un papel crucial en la operativa.

Los activos deben ser gestionados y protegidos adecuadamente para asegurar la **integridad,** la **disponibilidad** y la **confidencialidad** de los sistemas y la información en una organización. A continuación, se exponen los diferentes tipos de activos que son clave para la seguridad y el funcionamiento de una organización, especialmente en el ámbito de la tecnología y la ciberseguridad:

⮑ **Activos físicos**

   ◍ **RTU, PLC, IED:** estos son dispositivos físicos utilizados principalmente en infraestructuras críticas y sistemas de control industrial. Un RTU *(Remote Terminal Unit)* recopila datos de sensores y transmite esta información a un sistema de control. PLC *(Programmable Logic Controller)* es un dispositivo utilizado para automatizar procesos. IED *(Intelligent Electronic Device)* se emplea en redes eléctricas para la automatización y control de subestaciones.
   ◍ **Servidores:** son esenciales para el almacenamiento y el procesamiento de datos. Son el corazón de la red de una organización y su protección es vital para la continuidad del negocio.
   ◍ **Equipamientos de mano:** dispositivos portátiles como *tablets* o escáneres utilizados en campo para acceder y gestionar sistemas o información.

⮥ **Activos de información**

◑ *Software* **SCADA:** es un sistema que controla y supervisa procesos industriales. SCADA *(Supervisory Control and Data Acquisition)* permite a los operadores monitorear y controlar equipos a distancia.

◑ *Firmware:* es el *software* básico que se encuentra instalado en dispositivos electrónicos para que funcionen correctamente. Su actualización y seguridad son clave.

◑ **Bases de datos:** contienen toda la información estructurada que la organización gestiona y procesa. Protegiendo las bases de datos se garantiza la seguridad de la información crítica.

◑ **Manuales:** documentación que describe cómo usar o mantener sistemas y equipos. Estos manuales son valiosos para la correcta operación y mantenimiento de los activos tecnológicos.

⮥ **Activos de servicios**

◑ *Switches:* dispositivos que conectan diferentes elementos dentro de una red, lo cual facilita el flujo de datos entre ellos.

◑ *Firewalls:* un cortafuego o *firewall* es un elemento esencial de ciberseguridad. Filtra el tráfico entrante y saliente en una red, bloqueando accesos no autorizados.

◑ **Pasarelas:** dispositivos que conectan diferentes redes, lo que permite la comunicación entre ellas. También pueden incluir funciones de seguridad para controlar los datos que se transmiten.

⮥ **Activos personales**

◑ **Personal internos:** los empleados que trabajan dentro de la organización y tienen acceso a sus sistemas. Es importante gestionar sus permisos y formación en ciberseguridad.

◑ **Personal de mantenimiento:** personal encargado del mantenimiento y actualización de los sistemas, tanto en el área tecnológica como física.

◑ **Personal subcontratado:** terceros que prestan servicios a la organización, como proveedores externos o contratistas. La seguridad también depende de cómo estos subcontratados accedan y manejen los sistemas o información de la empresa.

IMPORTANTE

La correcta definición del alcance también es fundamental para cumplir con las normativas internacionales de seguridad, como ISO 27001 o NIST 800-53, que requieren una delimitación clara de los activos y procesos críticos para la seguridad de la información. El alcance de una evaluación también puede verse influenciado por regulaciones específicas del sector, como el cumplimiento de la Reglamento General de Protección de Datos (GDPR) para empresas que manejan datos personales.

Uno de los activos críticos más valiosos en cualquier organización es simplemente la información. Detrás de esta información se esconden datos confidenciales, propiedad intelectual, información de la clientela y del personal, y cualquier otro dato cuyo compromiso podría dañar la reputación de la empresa, generar sanciones legales o interrumpir las operaciones.

EJEMPLO

Por ejemplo, en una empresa de servicios financieros, las bases de datos de transacciones y los sistemas de pago son considerados activos críticos, debido al impacto que tendría un ataque en la confianza del cliente y en la integridad del sistema financiero.

Otro tipo de activos críticos son los sistemas y aplicaciones que mantienen las operaciones del día a día. Estos pueden ser **sistemas ERP** *(Enterprise Resource Planning),* bases de datos, servidores web o sistemas de correo electrónico, cuya interrupción afectaría indudablemente a la productividad y la capacidad de la organización para comunicarse internamente y con sus clientes.

Estos sistemas son particularmente vulnerables a ataques como ransomware o DDoS, que buscan interrumpir el acceso a los sistemas hasta que se cumplan las demandas del atacante.

IMPORTANTE

Los activos críticos no se limitan solo a la tecnología. El personal clave, como administradores de sistemas, desarrolladores, ingenieros de redes y directores de seguridad, también deben ser considerados activos críticos. La ausencia o indisponibilidad de estos recursos humanos podría comprometer gravemente la capacidad de la organización para responder a incidentes de seguridad o mantener los sistemas en funcionamiento.

Identificación y valoración riesgos negocio

La **identificación y valoración de riesgos de negocio** es un componente clave de la gestión de riesgos. Este proceso se enfoca en detectar posibles eventos que puedan afectar negativamente a las operaciones de la organización, sus activos críticos y su capacidad para alcanzar sus objetivos estratégicos. Una vez identificados, estos riesgos son valorados en términos de probabilidad de ocurrencia y el impacto que tendrían sobre la empresa.

Los pasos que componen la identificación y valoración de riesgos de un negocio son:

- ⮞ **Primer paso.** El primer paso en la identificación de riesgos de negocio es evaluar el entorno en el que opera la organización. Esto abarca tanto el entorno interno (procesos, tecnología, personal) como el externo (competencia, normativas, condiciones de mercado). Los riesgos pueden ser de diferentes tipos: operacionales, financieros, tecnológicos, regulatorios o reputacionales. Por ejemplo, un riesgo operacional podría ser la interrupción de una cadena de suministro, mientras que un riesgo regulatorio podría ser el incumplimiento de las leyes de protección de datos.

➲ **Segundo paso.** Una vez identificados los riesgos, se procede a su valoración, que consiste en evaluar dos factores principales:

◔ La probabilidad de que ocurra el riesgo.
◔ El impacto que tendría si se materializara.

La probabilidad hace referencia a la frecuencia con la que un riesgo específico podría ocurrir, mientras que el impacto se mide en términos de daño financiero, operativo o reputacional que sufriría la empresa.

Uno de los métodos más utilizados para valorar riesgos es la creación de una **matriz de riesgos,** en la que se clasifican estos en función de su probabilidad e impacto. Los riesgos se categorizan en niveles bajo, medio y alto. Los riesgos altos son aquellos que tienen una alta probabilidad de ocurrir y causar un gran impacto, y por lo tanto, deben ser priorizados para que ese impacto se mitigue.

MATRIZ DE RIESGOS

		Baja probabilidad	Media probabilidad	Alta probabilidad
1	Bajo impacto	Bajo impacto	Bajo impacto	Impacto medio
2	Impacto medio	Bajo impacto	Impacto medio	Alto impacto
3	Alto impacto	Impacto medio	Alto impacto	Alto impacto

Ejemplo de matriz de riesgos. Los riesgos están clasificados según su probabilidad
(baja, media, alta) y su impacto (bajo, medio, alto)

 **EJEMPLO**

Un banco que maneja grandes volúmenes de transacciones financieras podría identificar como un riesgo crítico la posibilidad de un ciberataque que

Continúa en página siguiente >>

<< Viene de página anterior

comprometa sus sistemas de pago. Si la probabilidad de tal ataque es alta, y el impacto sobre la reputación y las finanzas del banco sería devastador, este riesgo tendría una valoración alta y requeriría una intervención urgente.

Además de la probabilidad y el impacto, se deben tener en cuenta factores como:

- El tiempo de exposición al riesgo.
- La capacidad de la organización para detectarlo y mitigarlo.
- Los costes asociados con la implementación de controles.

 IMPORTANTE

La valoración de riesgos permite a las organizaciones tomar decisiones fundamentadas en información de valor sobre cómo asignar recursos de seguridad. En lugar de intentar proteger todos los aspectos de la empresa con igual intensidad, la empresa puede concentrarse en aquellos riesgos que tienen mayor probabilidad de ocurrir y causar mayor daño. Esto optimiza el uso de los recursos y garantiza una protección más eficaz.

4.3. Amenazas y salvaguardas

Se ha visto que el concepto **amenaza** es fundamental en la gestión de riesgos de ciberseguridad. También es clave considerar las **salvaguardas.**

Ya sabemos que una amenaza es cualquier evento o actor que tiene el potencial de causar daño a una organización, mientras que las **salvaguardas** son las medidas preventivas o correctivas implementadas para mitigar esos riesgos y proteger los activos críticos.

Una vez que se identifican las amenazas, es importante implementar salvaguardas para mitigar el riesgo asociado. Estas protecciones pueden ser:

Salvaguardas técnicas	Salvaguardas físicas
- Las salvaguardas técnicas incluyen las medidas básicas de implementación de *firewalls*, sistemas de detección y prevención de intrusos (IDS/IPS), encriptación de datos y autenticación multifactor. Estas pautas tienen como objetivo evitar que las amenazas accedan a los sistemas o comprometan la información.	- Las salvaguardas físicas la conforman medidas para proteger el acceso físico a los sistemas y datos, como el uso de cerraduras de seguridad, vigilancia y controles de acceso biométrico en áreas sensibles. Estas medidas son particularmente útiles para evitar amenazas internas, como el acceso no autorizado a salas de servidores o centros de datos.

Salvaguardas administrativas

- Por otro lado, las salvaguardas administrativas implican políticas y procedimientos diseñados para reducir el riesgo. Esto significa la implementación de políticas de seguridad de la información, capacitación del personal en ciberseguridad, auditorías periódicas y revisiones de cumplimiento normativo.

IMPORTANTE

Es importante destacar que las salvaguardas no eliminan completamente el riesgo, sino que lo reducen a un nivel aceptable. Por esta razón, las organizaciones deben combinar diferentes tipos de salvaguarda para crear una defensa en profundidad, en la que múltiples capas de seguridad protegen los activos críticos. Si una capa es vulnerada, las otras siguen ofreciendo protección, minimizando los riesgos y asegurando una defensa más sólida frente a ciberataques.

APLICACIÓN PRÁCTICA

Una vez identificadas las amenazas que pueden comprometer la seguridad de una organización, es clave implementar salvaguardas que mitiguen estos riesgos. Estas salvaguardas pueden ser técnicas, como *firewalls* y autenticación multifactor; físicas, como controles biométricos, o administrativas, como políticas de seguridad y capacitación del personal. La combinación de estas salvaguardas crea una defensa en profundidad, lo cual reduce significativamente el riesgo.

En el contexto de una organización que desea protegerse de un ataque de *ransomware*, ¿qué combinación de salvaguardas, de las siguientes, sería más eficaz para minimizar el impacto de dicho ataque?

- Implementar copias de seguridad cifradas, *firewalls* y capacitación continua del personal.
- Instalar cerraduras de seguridad y controles biométricos.
- Desactivar las auditorías periódicas y confiar únicamente en los antivirus.
- Establecer políticas de seguridad estrictas sin utilizar tecnología de encriptación.

Solución

La combinación más eficaz de salvaguardas incluye tanto medidas técnicas como administrativas. Implementar copias de seguridad cifradas permite restaurar los datos en caso de que el *ransomware* los cifre, los *firewalls* evitan que el *malware* entre en la red, y la capacitación continua del personal ayuda a identificar correos electrónicos maliciosos antes de que el ataque pueda comprometer los sistemas. Esta combinación refuerza las defensas en profundidad y minimiza el impacto de futuros ataques.

4.4. Continuidad del negocio

La **continuidad del negocio** hace referencia a la capacidad de una organización para seguir operando durante y después de un incidente crítico, ya sea un ataque cibernético, un desastre natural o un gran fallo tecnológico. En el contexto de la ciberseguridad, garantizar la continuidad del negocio implica dos acciones fundamentales:

1. Planificar y preparar a la organización para mitigar el impacto de un incidente.
2. Recuperar sus operaciones lo más rápido posible.

Un plan eficaz de continuidad del negocio protege a la organización de pérdidas financieras, interrupciones operativas y daños a la reputación.

 IMPORTANTE

El objetivo de la continuidad del negocio es asegurar que la organización pueda seguir brindando sus productos o servicios esenciales, incluso ante eventos inesperados. Esto representa la creación de planes de contingencia, copias de seguridad de datos y procedimientos de recuperación ante desastres.

La capacidad de una organización para recuperarse rápidamente tras un incidente crítico es esencial para mantener la operatividad y minimizar el impacto en sus funciones. Para ello, es fundamental contar con **mecanismos que aseguren la protección de los recursos clave** y **un plan bien estructurado que permita una rápida restauración de las operaciones.** Esto se traduce en una planificación cuidadosa y en la implementación de medidas que salvaguarden los activos esenciales ante cualquier eventualidad.

Algunas **medidas preventivas** son las siguientes:

- **Copias de seguridad periódicas.** Uno de los componentes más importantes de la continuidad del negocio es la implementación de copias de seguridad periódicas de los datos críticos. Las organizaciones deben asegurarse de que los datos importantes se respalden de manera frecuente y se almacenen en ubicaciones seguras, preferiblemente fuera del sitio físico de la empresa o en la nube. Estas copias de seguridad deben estar encriptadas para evitar que sean accedidas o comprometidas por atacantes. En caso de un ataque de *ransomware,* las copias de seguridad permiten a la organización restaurar sus datos sin tener que pagar por el rescate.
- **Plan de recuperación ante desastres.** Otro aspecto clave de la continuidad del negocio es la creación de un plan de recuperación ante desastres (acrónimo en inglés DRP). Este plan detalla los pasos que seguir en caso de un incidente crítico para restaurar los sistemas, recuperar los datos y reanudar las operaciones. Un DRP efectivo debe incluir un

análisis de impacto en el negocio, conocido como BIA, que identifica qué funciones de la organización son más críticas, y establece tiempos de recuperación objetivo o RTO y puntos de recuperación objetivo llamado RPO. Esto permite priorizar la recuperación de los sistemas más importantes, minimizando el tiempo de inactividad y las pérdidas.

⊃ **Evaluación constante de riesgos.** Además, la continuidad del negocio debe incluir una evaluación constante de riesgos. Dado que las amenazas evolucionan, los planes de continuidad deben actualizarse regularmente para reflejar los cambios en el entorno de amenazas y en la infraestructura tecnológica de la organización. Las simulaciones periódicas y los simulacros de recuperación también son esenciales para asegurar que los equipos de respuesta estén preparados para actuar ante un incidente real.

 TAREA 2

Una compañía financiera ha sufrido recientemente un ataque de *ransomware* que interrumpió sus operaciones durante 48 horas. Aunque lograron restaurar los sistemas utilizando copias de seguridad, el incidente puso de manifiesto debilidades en su capacidad de recuperación. Como especialista en ciberseguridad, se te ha asignado la tarea de mejorar la resiliencia de los sistemas digitales de esta empresa para evitar futuras interrupciones.

¿Qué medidas propondrías para mejorar la resiliencia de los sistemas digitales de la compañía? Mejora la resiliencia de los sistemas digitales de esta organización, explicando cómo las medidas propuestas aumentarían la capacidad de recuperación de la empresa frente a futuros incidentes de ciberseguridad.

4.5. Ciclo gestión de riesgos

El **ciclo de gestión de riesgos** es un proceso continuo que permite a las organizaciones realizar labores muy importantes de ciberseguridad: **identificar, analizar, mitigar** y **monitorear** los riesgos que podrían afectar sus operaciones y la seguridad de sus activos. Este ciclo es fundamental para garantizar que los riesgos sean gestionados con proactividad y que las estrategias de mitigación estén siempre alineadas con las amenazas emergentes y los cambios en el entorno operativo.

El ciclo de gestión de riesgos suele constar de las varias **fases:**

- **Identificación de riesgos:** esta es la primera etapa del ciclo, donde se identifican las posibles amenazas que pueden afectar a la organización. Esto abarca la identificación de vulnerabilidades en los sistemas, el análisis del entorno operativo y la detección de amenazas internas y externas. En esta fase se utiliza una combinación de auditorías de seguridad, análisis de vulnerabilidades y revisiones de políticas para identificar los puntos débiles que podrían ser explotados.
- **Evaluación de riesgos:** en esta fase, los riesgos identificados se evalúan en términos de su probabilidad de ocurrencia y el impacto que tendrían en la organización. Los riesgos se clasifican en niveles (bajo, medio o alto), y se priorizan aquellos que tienen el mayor potencial de causar daño. Esto permite a la organización enfocar sus recursos en mitigar los riesgos más críticos primero.
- **Tratamiento de riesgos:** una vez evaluados los riesgos, se procede a su mitigación o tratamiento. Esto implica la implementación de controles y salvaguardas que minimicen la probabilidad de que el riesgo ocurra o reduzcan su impacto si llega a materializarse. Las estrategias de tratamiento de riesgos incluyen la aceptación, transferencia, mitigación o evitación del riesgo, dependiendo de su naturaleza y de los recursos disponibles.
- **Monitoreo y revisión:** el monitoreo es una parte esencial del ciclo, ya que permite evaluar la efectividad de las medidas de mitigación implementadas y detectar cualquier cambio en el perfil de riesgo. Esta fase incluye la vigilancia constante de los sistemas y la revisión periódica de las políticas y procedimientos de seguridad. Además, el monitoreo asegura que los nuevos riesgos sean identificados y gestionados oportunamente.
- **Comunicación de riesgos:** a lo largo del ciclo, es importante mantener una correcta comunicación efectiva entre todos los niveles de la organización. Los riesgos y las estrategias de mitigación deben ser comunicados a la alta dirección, los equipos operativos y cualquier otra parte interesada. Esto garantiza que todos los actores involucrados comprendan los riesgos a los que se enfrenta la organización y las acciones que se están tomando para mitigarlos.

 **EJEMPLO**

Un ejemplo típico de aplicación del ciclo de gestión de riesgos sería una empresa de telecomunicaciones que, tras identificar una vulnerabilidad en su

Continúa en página siguiente >>

<< Viene de página anterior

infraestructura de red, evalúa el impacto de esa vulnerabilidad en sus operaciones, implementa medidas de mitigación (como la actualización de los sistemas), y monitorea continuamente para asegurarse de que las soluciones implementadas sean efectivas.

4.6. Modelos de gobernanza y clasificación información

Los **modelos de gobernanza y clasificación de la información** son esenciales para establecer cómo una organización gestiona, protege y accede a su información crítica.

Gobernanza en ciberseguridad
- Implica establecer un marco de políticas, procedimientos y controles para garantizar que la información y los activos de TI estén protegidos de manera eficaz y cumplan con las regulaciones.

Clasificación de la información
- Se refiere a la categorización de los datos en función de su sensibilidad y valor para la organización.

Modelos de gobernanza

La **gobernanza en ciberseguridad** garantiza que las responsabilidades de seguridad de la información estén claramente definidas y que las decisiones estratégicas estén alineadas con los objetivos del negocio. Los modelos de gobernanza proporcionan una estructura para supervisar y gestionar la seguridad, asignando responsabilidades específicas a diferentes niveles de la organización.

IMPORTANTE

Un modelo de gobernanza eficaz define cómo se implementan las políticas de seguridad, quién es responsable de su cumplimiento y cómo se mide el éxito de estas políticas. Así mismo, estos modelos aseguran que las decisiones relacionadas con la ciberseguridad se tomen de manera informada y estén alineadas con el riesgo y el apetito de riesgo de la organización.

- -

Un ejemplo muy común de un modelo de gobernanza es el establecimiento de un comité de seguridad de la información, donde participan la alta dirección o gerentes, el departamento de TI y el personal de ciberseguridad. Este comité es responsable de la toma de decisiones clave en materia de seguridad, la supervisión de las iniciativas de seguridad y la evaluación de los riesgos emergentes.

PARA SABER MÁS

Para más información, Global Technology, consultora de ciberseguridad, recomienda que las empresas cuenten con tecnología avanzada y un equipo de expertos en ciberseguridad, para asegurar una gestión eficiente de la seguridad de la información. En su artículo "El SOC, instrumento para la gobernanza de la ciberseguridad" (Puyo, 2022), se destaca que el centro de operaciones de seguridad (SOC) es esencial en este proceso. Mediante la monitorización constante de los activos y la respuesta rápida a incidentes, el SOC garantiza que las políticas de seguridad estén alineadas con los objetivos empresariales, lo cual reduce el impacto de las amenazas.

Accede al artículo desde aquí:

https://redirectoronline.com/ifct00500104

- -

Otro enfoque son los **marcos de gobernanza,** como *COBIT 5* en la **gestión de riesgos,** que proporciona un conjunto de buenas prácticas para la gestión y gobernanza de la información, permitiendo a las organizaciones alinear la ciberseguridad con los objetivos estratégicos del negocio.

En la siguiente tabla se muestran los **roles** y las **razones clave** para que las diferentes áreas de una organización adopten *COBIT 5* en la gestión de riesgos de TI. Cada rol, desde la junta directiva hasta los auditores internos y los proveedores externos, tiene una responsabilidad específica relacionada con la gestión y gobernanza de riesgos de TI. *COBIT 5* permite mejorar la visibilidad y control sobre estos riesgos, alineando las estrategias de TI con los objetivos del negocio, asegurando la responsabilidad y el cumplimiento normativo. Los beneficios van desde una mejor comprensión y manejo de los riesgos hasta la optimización de recursos para proteger la información y los activos de la organización.

Roles y beneficios de la implementación de COBIT 5 en la gestión de riesgos de una organización

Rol/función	Beneficio por utilizar *COBIT 5*	Ejemplo de implementación de *COBIT 5* en empresa
Junta directiva y ejecutiva	Mejorar el entendimiento de sus responsabilidades y cómo optimizar el uso de TI en la estrategia.	La junta directiva mejora su capacidad para entender cómo los riesgos de TI afectan los objetivos estratégicos. Implementando *COBIT 5,* logran optimizar el uso de TI para asegurar que las inversiones tecnológicas se alineen con los planes de crecimiento empresarial.
Directores de riesgo empresarial	Facilitar la gestión de riesgos TI alineados con la gestión de riesgos empresariales.	Los directores de riesgo empresarial utilizan *COBIT 5* para integrar mejor los riesgos de TI con los riesgos generales del negocio, lo cual facilita la toma de decisiones basadas en información de valor sobre cómo gestionar riesgos críticos de manera unificada.
Gestores de riesgos operacionales	Integrar el marco de riesgos operacionales con indicadores clave.	Al usar *COBIT 5,* los gestores de riesgos operacionales logran integrar indicadores clave de riesgo, y eso permite una supervisión más precisa de las pérdidas operacionales y mejora la capacidad para anticipar riesgos.

Continúa en página siguiente >>

<< Viene de página anterior

Rol/función	Beneficio por utilizar *COBIT 5*	Ejemplo de implementación de *COBIT 5* en empresa
Gestión de TI	Entender cómo identificar y gestionar los riesgos TI y comunicarlos al negocio.	El equipo de TI utiliza *COBIT 5* para identificar y gestionar riesgos de TI más eficientemente, con lo cual mejora la comunicación con la junta directiva acerca de las vulnerabilidades tecnológicas y cómo mitigarlas.
Gestores de servicios TI	Mejorar el punto de vista del riesgo operativo y alinearlo con la gestión de riesgos TI.	Gracias a *COBIT 5*, los gestores de servicios TI alinean el riesgo operativo con la gestión general de riesgos TI, lo que permite una visión integral que asegura una respuesta más efectiva a los incidentes de seguridad.
Continuidad del negocio	Alinear con la gestión de riesgos empresariales y garantizar la responsabilidad.	*COBIT 5* ayuda al equipo de continuidad del negocio a alinear sus planes con la gestión empresarial, garantizando que los procedimientos de recuperación ante desastres se ejecuten de manera efectiva y con responsabilidad.
Seguridad TI	Posicionar la seguridad TI junto a los otros riesgos empresariales.	El equipo de seguridad TI utiliza *COBIT 5* para posicionar la seguridad de TI en igualdad de condiciones con otros riesgos del negocio, permitiendo que las estrategias de ciberseguridad se integren en los planes globales de gestión de riesgos.
Seguridad de la información	Posicionar el riesgo TI dentro de la estructura de seguridad global.	Implementando *COBIT 5*, el equipo de seguridad de la información logra una mejor integración de los riesgos de TI en la estructura de seguridad global de la empresa, asegurando que los datos sensibles estén protegidos de forma consistente.
Director Financiero	Aumentar la visibilidad de los riesgos TI y sus implicaciones financieras.	La dirección financiera mejora la visibilidad sobre cómo los riesgos de TI pueden afectar las finanzas de la empresa. Usa *COBIT 5* para optimizar la tomar decisiones sobre las inversiones en seguridad y las implicaciones financieras de los riesgos.

Continúa en página siguiente >>

<< Viene de página anterior

Rol/función	Beneficio por utilizar *COBIT 5*	Ejemplo de implementación de *COBIT 5* en empresa
Responsables de gobernanza TI	Revisar y supervisar responsabilidades de gobernanza TI y alineación de la estrategia.	Con *COBIT 5*, los responsables de gobernanza TI revisan y supervisan las responsabilidades de TI, alineando los recursos tecnológicos con los objetivos estratégicos de la empresa, para asegurar una gobernanza eficaz.
Gestores de negocio	Gestionar los riesgos TI de manera consistente con los objetivos del negocio.	Los gestores de negocio, utilizando *COBIT 5*, mejoran la gestión de riesgos tecnológicos de manera coherente con los objetivos empresariales, para confirmar que los riesgos de TI se gestionen en consonancia con las metas del negocio.
Auditores internos	Mejorar el análisis de riesgos para reforzar auditorías y control interno.	Los auditores internos encuentran en *COBIT 5* una herramienta eficaz para mejorar el análisis de riesgos. Proporcionan auditorías más sólidas que fortalecen el control interno y reducen las vulnerabilidades.
Cumplimiento	Asesorar en la gestión de riesgos y evaluar el impacto potencial sobre el negocio.	*COBIT 5* permite al equipo de cumplimiento asesorar mejor en la gestión de riesgos y cómo estos afectan la capacidad de cumplir con las normativas, minimizando sanciones y riesgos legales.
Asesoría legal	Ofrecer asesoría legal sobre riesgos de TI y cumplimiento normativo.	Con *COBIT 5*, la asesoría legal ofrece una mejor asesoría sobre los riesgos de TI y las implicaciones legales relacionadas con el cumplimiento normativo y la protección de los datos sensibles de la empresa.
Reguladores	Evaluar los niveles de riesgo en la organización y guiar en la aplicación de normativas.	Los reguladores, mediante *COBIT 5*, evalúan de manera más precisa el impacto de los riesgos en las organizaciones, asegurando que las empresas cumplan con las normativas y regulaciones vigentes.
Aseguradoras	Facilitar el establecimiento de estándares de riesgo TI en las evaluaciones.	Las aseguradoras utilizan *COBIT 5* para establecer criterios claros en las evaluaciones de riesgo de TI, proporcionando estándares más consistentes para definir las primas y coberturas.

Continúa en página siguiente >>

<< Viene de página anterior

Rol/función	Beneficio por utilizar *COBIT 5*	Ejemplo de implementación de *COBIT 5* en empresa
Agencias de calificación	Proporcionar referencias sobre cómo gestionar los riesgos TI en la organización.	Las agencias de calificación utilizan *COBIT 5* para referenciar prácticas de riesgo de TI en la organización, para ayudar a mejorar la calificación de las empresas que siguen estas buenas prácticas.
Contratistas y proveedores externos	Entender mejor los riesgos TI y asegurar la responsabilidad en las evaluaciones.	Los proveedores externos se benefician de *COBIT 5*, al tener una mayor claridad sobre las responsabilidades en la evaluación de riesgos TI, con lo que aseguran una gestión coherente y colaborativa con la empresa contratante.

Clasificación de la información

La **clasificación de la información** es un proceso que asigna niveles de sensibilidad a los datos basándose en el impacto que tendría su divulgación, modificación o destrucción no autorizada. Los niveles de clasificación de los datos que gestiona una organización suelen ser los siguientes:

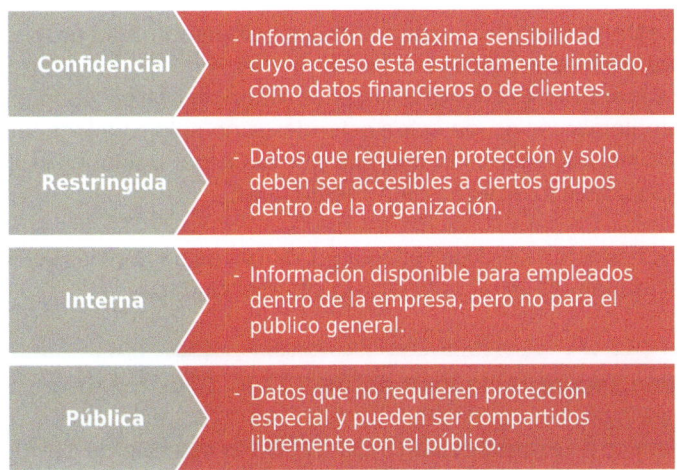

Estos niveles determinan las medidas de seguridad que deben aplicarse a cada categoría de datos.

 **EJEMPLO**

Los datos clasificados como **confidenciales** suelen incluir información como datos financieros, propiedad intelectual o información personal sensible (como registros médicos). Estos datos requieren un alto nivel de protección, que puede incluir el cifrado, el control de acceso estricto y la supervisión continua.

En cambio, la información clasificada como **pública** no requiere protecciones tan estrictas, ya que su divulgación no afectaría negativamente a la organización. Un ejemplo de información pública podría ser el contenido de un sitio web corporativo o documentos de *marketing*.

La clasificación de la información permite a las organizaciones aplicar controles de seguridad de manera proporcional al valor y riesgo de cada conjunto de datos. Además, facilita el cumplimiento normativo, ya que muchas regulaciones, como el **GDPR** (Reglamento General de Protección de Datos), requieren que las organizaciones protejan adecuadamente los datos personales y sensibles.

4.7. Estándares y regulación

Los **estándares** y las **regulaciones** en ciberseguridad proporcionan directrices, normas y buenas prácticas que permiten a las organizaciones proteger sus activos, gestionar los riesgos y cumplir con las obligaciones legales. La implementación de estos estándares no solo fortalece la seguridad interna, sino que también asegura que las organizaciones cumplan con las regulaciones internacionales y sectoriales.

A continuación, se desarrollan algunos de los principales estándares y marcos normativos en el ámbito de la ciberseguridad.

Information Security Management: ISO 2700, 27001, 27002, 27005

La familia de estándares **ISO/IEC 27000** es reconocida internacionalmente como un conjunto de buenas prácticas para la gestión de la seguridad de la información. Estos estándares proporcionan directrices y requisitos para la implementación de un **sistema de gestión de seguridad de la información (SGSI)**, lo cual ayuda a las organizaciones a proteger su información confidencial.

 **DEFINICIÓN**

Sistema de gestión de seguridad de la información (SGSI)

Es un conjunto de políticas, procedimientos, controles y prácticas diseñadas para gestionar y proteger la información sensible de una organización. Su objetivo es garantizar la confidencialidad, la integridad y la disponibilidad de los datos, minimizando los riesgos asociados a ciberamenazas, accesos no autorizados o pérdidas de información. Un SGSI se basa en estándares como ISO/IEC 27001, que proporcionan un marco para identificar riesgos, implementar medidas de seguridad y mantener la mejora continua de la protección de la información en la organización.

A continuación, podrás conocer una serie de normas y estándares de seguridad muy relacionadas con los sistemas de gestión de seguridad de la información (SGSI):

- **ISO/IEC 27000.** Proporciona una visión general de los estándares de la familia ISO/IEC 27000 y un vocabulario común para la gestión de la seguridad de la información.
- **ISO/IEC 27001.** Es el estándar más conocido de la serie. Especifica los requisitos para establecer, implementar, mantener y mejorar un SGSI. Su certificación es altamente valorada en sectores como las finanzas y la salud, donde la protección de datos es crítica.
- **ISO/IEC 27002.** Ofrece directrices sobre las mejores prácticas para los controles de seguridad de la información basados en los requisitos establecidos en la ISO 27001. Este estándar es útil para ayudar a las organizaciones a seleccionar controles de seguridad adecuados.
- **ISO/IEC 27005.** Proporciona un enfoque detallado para la gestión de riesgos de la seguridad de la información. Se centra en el proceso de evaluación y tratamiento de riesgos en el contexto de un SGSI.

 **EJEMPLO**

Una empresa de telecomunicaciones que maneja grandes volúmenes de datos de clientes y empleados implementaría ISO 27001 para asegurar que sus procesos y controles cumplan con los requisitos internacionales de seguridad.

APLICACIÓN PRÁCTICA

La familia de estándares ISO/IEC 27000 es comúnmente utilizada para guiar a las organizaciones en la gestión de la seguridad de la información. El estándar ISO/IEC 27001 especifica los requisitos para establecer, implementar y mejorar un SGSI, mientras que ISO/IEC 27002 proporciona directrices sobre los controles de seguridad e ISO/IEC 27005 se enfoca en la gestión de riesgos. Estas normas son esenciales para proteger la información confidencial en sectores como la salud, las finanzas y las telecomunicaciones.

En el contexto de una empresa de telecomunicaciones que maneja grandes volúmenes de datos personales, ¿cuál de las siguientes acciones sería la mejor para asegurar el cumplimiento con los estándares de seguridad de la información según ISO/IEC 27001?

- Realizar una auditoría interna para evaluar el cumplimiento con ISO/IEC 27000.
- Adoptar únicamente medidas físicas de seguridad en la empresa.
- Implementar controles de seguridad únicamente basados en ISO/IEC 27002.
- Establecer un SGSI basado en los requisitos de ISO/IEC 27001.

Justifica tu respuesta.

Solución

La acción inicial más adecuada para una empresa de telecomunicaciones que maneja grandes volúmenes de datos personales sería establecer un SGSI conforme a los requisitos de ISO/IEC 27001. Este SGSI permitirá gestionar y proteger eficazmente la información confidencial. Aunque los controles de seguridad de ISO/IEC 27002 y las auditorías internas son importantes, el primer paso es crear una base sólida con el SGSI, que luego podrá ser mejorada con los controles y auditorías.

Risk Management: ISO 31000, 31010, COBIT 5, NIST 800-39

La gestión de riesgos es esencial para cualquier organización que busque proteger sus activos críticos y minimizar las amenazas. Los estándares de gestión de riesgos proporcionan un marco para identificar, evaluar y gestionar los riesgos en un entorno empresarial. Algunos de esos **estándares** son:

- **ISO 31000.** Este estándar proporciona principios y directrices para la gestión de riesgos. Es aplicable a cualquier organización, independientemente de su tamaño o sector, y se enfoca en integrar la gestión de riesgos en los procesos de toma de decisiones.
- **ISO 31010.** Se centra específicamente en las técnicas de evaluación de riesgos. Ofrece herramientas y métodos para identificar, analizar y evaluar los riesgos.
- **COBIT 5.** Es un marco de gobierno y gestión de la TI que ayuda a las organizaciones a maximizar el valor de la información mediante un enfoque equilibrado entre la seguridad y la optimización del uso de la tecnología.
- **NIST 800-39.** Este documento del Instituto Nacional de Estándares y Tecnología (NIST) proporciona un enfoque integrado para la gestión del riesgo organizacional relacionado con la tecnología de la información. Describe un marco para la evaluación, respuesta y monitoreo continuo de riesgos.

◁⊙▷ EJEMPLO

Una empresa del sector bancario que gestiona grandes volúmenes de transacciones financieras podría utilizar ISO 31000 junto con NIST 800-39 para desarrollar un proceso robusto de gestión de riesgos que proteja sus sistemas y garantice la continuidad del negocio.

Risk Assessment: NIST 800-30

NIST 800-30 es un estándar del NIST que proporciona directrices específicas para la **evaluación de riesgos.** Su objetivo es ayudar a las organizaciones a identificar las amenazas y vulnerabilidades, evaluar la probabilidad y el impacto de los riesgos, y determinar las medidas adecuadas para reducir o mitigar esos riesgos.

El estándar ofrece un enfoque, detallado paso a paso, para realizar una evaluación de riesgos, que incluye la identificación de los activos críticos, las amenazas que pueden afectar esos activos, las vulnerabilidades que pueden ser explotadas y el impacto potencial en la organización.

 **EJEMPLO**

Un hospital, que almacena grandes cantidades de datos sensibles de pacientes, realizaría una evaluación de riesgos basada en NIST 800-30 para identificar amenazas como ataques de *ransomware* y tomar medidas preventivas para asegurar la información médica.

- -

Security Controls: NIST 800-53

NIST 800-53 es uno de los estándares más completos para la selección de **controles de seguridad** en sistemas de información federales y otras organizaciones que desean implementar medidas de protección robustas. Este estándar enumera los controles de seguridad organizativos, técnicos y operacionales necesarios para garantizar la confidencialidad, la integridad y la disponibilidad de los sistemas de información.

Los controles se agrupan en familias como el control de acceso, la auditoría, la autenticación, la seguridad física y las comunicaciones. Las organizaciones pueden seleccionar los controles que sean más apropiados para sus necesidades específicas en función de su perfil de riesgo.

 **EJEMPLO**

Un proveedor de servicios en la nube que gestiona grandes infraestructuras de datos seleccionaría y aplicaría controles basados en NIST 800-53 para proteger los sistemas de sus clientes y asegurar el cumplimiento con las normativas de seguridad.

- -

Specific: GDPR *(Data Protection)*, OWASP *(Web Application Security)*, PCI-DSS *(payment cards)*, etc.

Existen regulaciones muy específicas que abordan cuestiones particularmente importantes sobre la seguridad de la información. Algunas de ellas son:

GDPR (Reglamento General de Protección de Datos)
- Es una normativa de la Unión Europea que regula la protección de datos personales de los ciudadanos de la UE. Establece fuertes requisitos para la recolección, almacenamiento y procesamiento de datos personales, y exige notificaciones obligatorias de violaciones de datos.

OWASP *(Open Web Application Security Project)*
- Ofrece recursos y herramientas gratuitas para mejorar la seguridad de las aplicaciones web.

PCI-DSS *(Payment Card Industry Data Security Standard)*
- Es un estándar de seguridad global para organizaciones que procesan pagos con tarjetas de crédito. Establece medidas de protección obligatorias para la gestión de transacciones financieras.

EJEMPLO

Un minorista en línea que procesa pagos con tarjeta de crédito debe cumplir con PCI-DSS para asegurar las transacciones financieras y proteger la información de los clientes de fraudes o ciberataques.

Risk Framework: NIST Framework

El **NIST Cybersecurity Framework** es una herramienta ampliamente utilizada para mejorar la gestión de riesgos de ciberseguridad. Está diseñado para ayudar a las organizaciones a gestionar y mitigar los riesgos de ciberseguridad mediante un enfoque basado en cinco funciones principales: **identificar, proteger, detectar, responder** y **recuperar.**

Este marco es flexible y escalable, lo que permite su aplicación en organizaciones de cualquier tamaño o sector. El *NIST Framework* también facilita la comunicación entre diferentes partes interesadas, ayudando a las organizaciones a establecer prioridades y alinear sus esfuerzos de ciberseguridad con sus objetivos empresariales.

 **EJEMPLO**

Una empresa de manufactura que utiliza redes industriales conectadas podría adoptar el *NIST Framework* para fortalecer su estrategia de ciberseguridad y proteger sus sistemas de producción frente a ciberataques.

Threats of ICS: NIST 800-82

NIST 800-82 es un estándar específico para la protección de los **sistemas de control industrial (ICS),** que son sistemas utilizados en industrias críticas como la energía, el agua y la manufactura. Estos sistemas, a menudo conectados a redes más amplias, están expuestos a ciberamenazas que podrían interrumpir operaciones esenciales.

El estándar ofrece directrices sobre cómo proteger estos sistemas frente a ataques cibernéticos, integrando medidas técnicas, operativas y administrativas.

 **EJEMPLO**

Una planta de energía podría implementar NIST 800-82 para proteger su infraestructura de control de ataques cibernéticos que podrían provocar interrupciones en la distribución de energía.

IACS standards: ISA/IEC-62443

ISA/IEC-62443 es una serie de estándares internacionales diseñados para proteger los **sistemas de automatización y control industrial (IACS).** Este conjunto de normas proporciona un enfoque integral para la ciberseguridad de los IACS, cubriendo todo el ciclo de vida del sistema, desde el diseño hasta la operación y el mantenimiento.

El estándar se enfoca en la implementación de medidas de seguridad en todos los niveles de la infraestructura industrial, lo que garantiza la protección de los sistemas industriales críticos contra ataques malintencionados.

 **EJEMPLO**

Una fábrica de automóviles podría adoptar ISA/IEC-62443 para asegurar sus sistemas de automatización y garantizar la continuidad operativa frente a potenciales ciberamenazas.

4.8. Gestión de incidentes

Con todo lo aprendido, es posible afirmar que la **gestión de incidentes** es un proceso fundamental en cualquier estrategia de ciberseguridad. Su objetivo principal es **manejar los incidentes de seguridad de manera rápida y eficiente,** para minimizar el impacto en la organización y restaurar las operaciones normales lo antes posible. Los incidentes de seguridad pueden incluir una amplia gama de eventos, como violaciones de datos, ataques de *malware,* accesos no autorizados, denegaciones de servicio (DoS) o cualquier otro evento que comprometa los principios de la seguridad de la información: la confidencialidad, la integridad o la disponibilidad de los sistemas de información.

La capacidad de responder eficazmente a los incidentes de ciberseguridad es fundamental para limitar el daño que pueden causar. Esto implica no solo mitigar el incidente en curso, sino también identificar la causa raíz y tomar medidas preventivas para evitar que ocurran eventos similares en el futuro. Las etapas clave en el proceso de gestión de incidentes son las siguientes:

➲ **Preparación.** La primera etapa en la gestión de incidentes es la preparación. Esta fase es clave para garantizar que una organización esté lista para responder de manera eficiente cuando ocurra un incidente de seguridad. La preparación incluye la implementación de herramientas y tecnologías necesarias, la capacitación del personal en procedimientos de respuesta y la creación de un plan de respuesta a incidentes formal. El plan de respuesta debe incluir procedimientos detallados que indiquen cómo se manejarán los diferentes tipos de incidentes, quiénes son los responsables de cada acción y qué herramientas deben utilizarse

para la contención y recuperación. Un equipo de respuesta a incidentes, que puede incluir expertos en ciberseguridad, personal de TI y otros profesionales, debe estar claramente identificado y entrenado en las mejores prácticas de gestión de incidentes.
Por ejemplo, una empresa de comercio electrónico debe preparar a su equipo de ciberseguridad para responder a ataques de *ransomware,* asegurándose de que el equipo entienda cómo aislar los sistemas infectados y restaurar datos desde copias de seguridad sin interrumpir las operaciones.

- **Identificación.** La siguiente fase es la identificación del incidente. Es vital que las organizaciones sean capaces de identificar rápidamente cuándo ocurre un incidente de seguridad. Esto implica monitorear continuamente los sistemas y redes en busca de signos de actividad inusual o maliciosa. La detección temprana es decisiva para contener el impacto del incidente antes de que cause daños significativos.
Durante esta fase, se debe determinar si el evento detectado realmente constituye un incidente de seguridad. No todas las anomalías representan un ataque cibernético, por lo tanto, es necesario realizar una evaluación detallada para confirmar la naturaleza y el alcance del incidente.
Por ejemplo, un sistema de detección de intrusos (IDS) puede identificar un patrón inusual de tráfico en la red, lo que podría indicar un ataque DDoS. El equipo de respuesta debe evaluar si este tráfico es malicioso o simplemente una variación normal en el uso de la red.
- **Contención.** Una vez que se ha identificado un incidente, la siguiente etapa es la contención. El objetivo de la contención es limitar el alcance del daño y evitar que el incidente se propague a otras partes del sistema. Existen dos tipos de contención:

  - La contención a corto plazo implica acciones inmediatas para detener el avance del ataque, como desconectar sistemas afectados de la red o bloquear el acceso de usuarios no autorizados.
  - La contención a largo plazo implica la implementación de soluciones más permanentes, como la aplicación de parches de seguridad o la reconfiguración de sistemas para eliminar vulnerabilidades.

  Por ejemplo, si un servidor ha sido comprometido por *malware,* el equipo de respuesta puede desconectar inmediatamente el servidor de la red para evitar que el *malware* se propague a otros sistemas, mientras evalúan la mejor manera de limpiar el sistema y prevenir futuros ataques.
- **Erradicación.** La fase de erradicación se enfoca en eliminar la causa raíz del incidente. Esto implica la eliminación de *malware,* la corrección de vulnerabilidades, la actualización de *software* o la modificación de las configuraciones de seguridad. Es fundamental asegurarse de que todas

las huellas del ataque hayan sido eliminadas antes de proceder a la recuperación del sistema.

Por ejemplo, si un ataque de *phishing* ha resultado en la instalación de *malware* en una red corporativa, el equipo de respuesta debe eliminarlo de todos los sistemas comprometidos y comprobar que no queden puertas traseras o puntos de acceso maliciosos.

➲ **Recuperación.** La fase de recuperación implica restaurar los sistemas afectados a su estado normal y reanudar las operaciones. Durante este proceso, se deben implementar medidas adicionales para asegurar que el incidente no se repita. Esto significa la restauración de datos desde copias de seguridad, la implementación de controles de acceso más estrictos o la actualización de *software*.

Es importante monitorear de cerca los sistemas después de la recuperación para asegurarse de que no haya nuevas amenazas o indicios de que el ataque continúe.

Por ejemplo, después de un ataque de *ransomware,* una empresa podría restaurar sus datos desde copias de seguridad y, al mismo tiempo, reforzar sus medidas de ciberseguridad, como la autenticación multifactor, para prevenir futuros incidentes.

➲ **Aprendizaje adquirido.** La fase final abarca el proceso de resumir el aprendizaje adquirido: se documenta todo lo ocurrido durante el incidente, incluidas las acciones tomadas, los puntos fuertes y débiles de la respuesta, y las mejoras necesarias en el futuro. Este paso es muy importante para refinar el plan de respuesta a incidentes y mejorar la postura de ciberseguridad de la organización.

Por ejemplo, después de un ataque, la organización puede descubrir que ciertos sistemas no estaban debidamente protegidos o que la respuesta fue demasiado lenta. Utilizar estas lecciones para ajustar políticas y procedimientos puede mejorar la respuesta en futuros incidentes.

TAREA 3

Solución Tecnológica es una *startup* de *software* que está desarrollando un nuevo producto en la nube para empresas de tecnología. La dirección de la empresa desea establecer una estrategia sólida de ciberseguridad para proteger su infraestructura en la nube y al mismo tiempo mantenerse competitivos en el mercado, destacando por su seguridad robusta. Como responsable de ciberseguridad, tu objetivo es obtener conocimientos para desarrollar una estrategia de securización de la información y generación de modelos digitales competitivos.

Continúa en página siguiente >>

<< Viene de página anterior

¿Cuáles son los elementos clave que incluirías en una estrategia de ciberseguridad para Solución Tecnológica? ¿Cómo cada uno de ellos contribuiría a fortalecer la protección de su infraestructura en la nube y posicionar a la empresa como competitiva en términos de seguridad en el mercado tecnológico?

----

5. Resumen

Esta unidad cubre los fundamentos esenciales de la ciberseguridad, desde los modelos organizativos y el papel de las personas hasta la identificación de amenazas y la gestión de riesgos. También se han detallado los principales estándares y marcos regulatorios internacionales que guían las mejores prácticas de seguridad de la información. La comprensión y la aplicación de estos conceptos es fundamental para la protección eficaz de los sistemas y activos críticos de cualquier organización.

La ciberseguridad y la gestión de riesgos envuelven modelos organizativos que establecen la estructura de gestión, los conceptos tecnológicos como la confidencialidad, la integridad y la disponibilidad (CID), junto con procesos críticos de autenticación, autorización, criptografía y *firewalls*. Igualmente, resalta el rol decisivo del factor humano en la prevención de violaciones de seguridad.

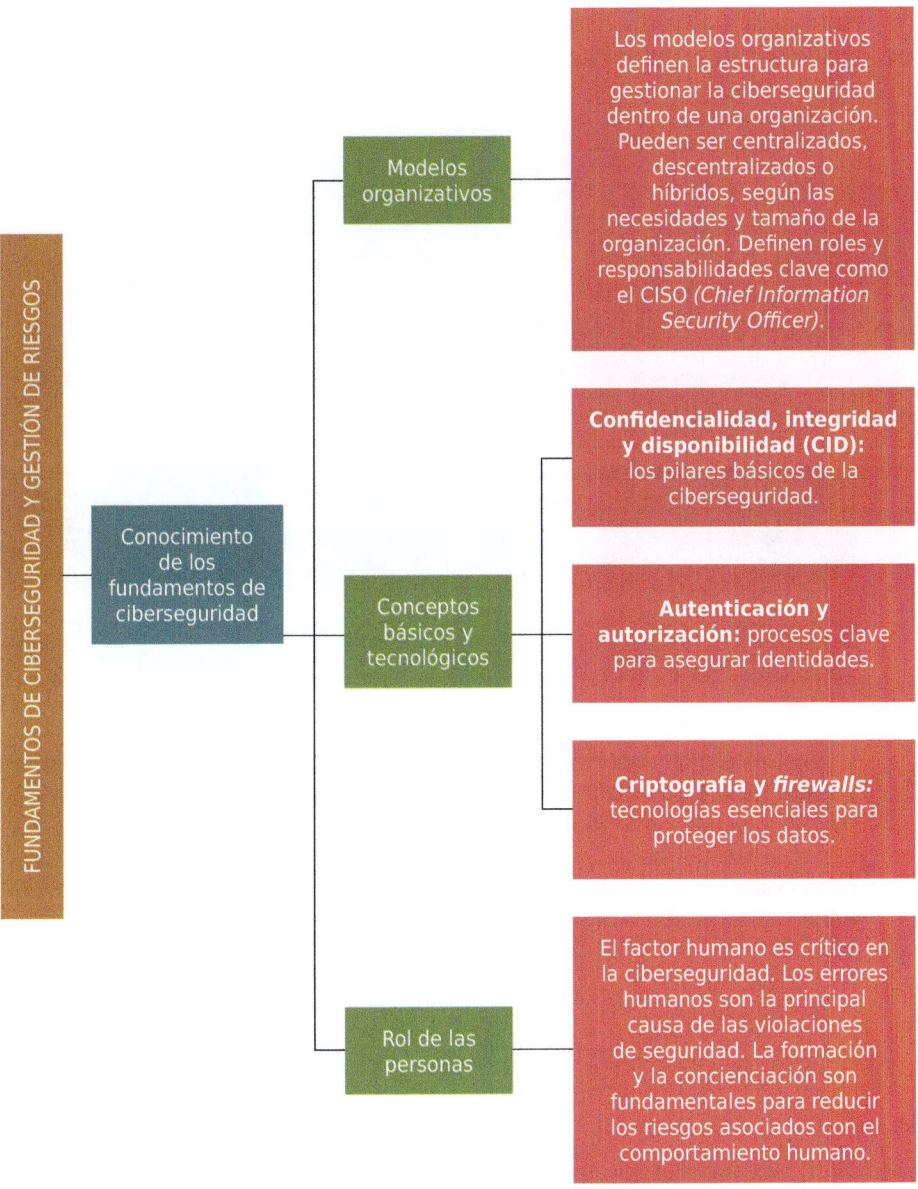

Dentro del contexto de la identificación de las amenazas, ataques y vulnerabilidades de los sistemas de información, hay que destacar que existen
amenazas internas y externas, que en los ciberataques pueden intervenir
actores como los *hackers* no éticos, cibercriminales, *hacktivistas,* etc., así
como la existencias de una gran diversidad de tipos de ataques como son

los *malware,* técnicas como el *phishing* o incluso la denegación de servicios o ataques de fuerza bruta.

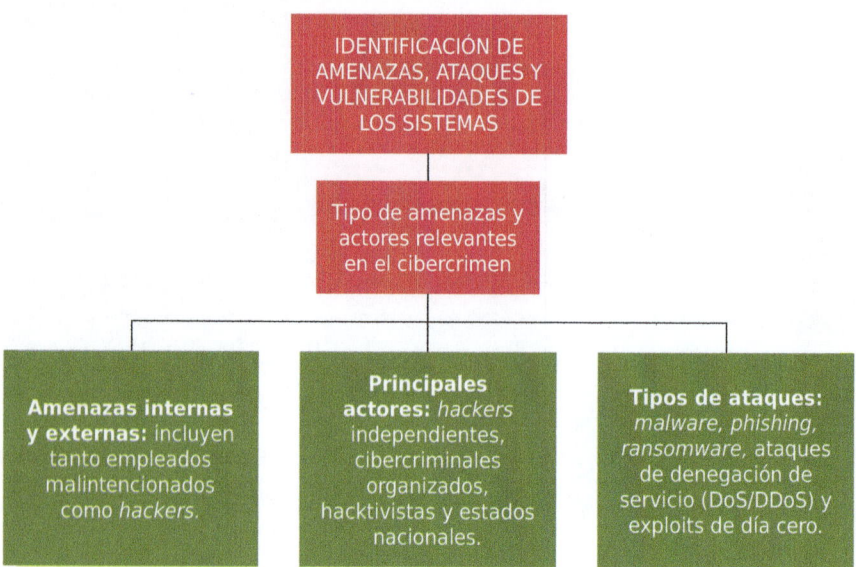

La evaluación de seguridad aborda la metodología para identificar, evaluar y tratar riesgos, priorizando activos críticos. Define el alcance del análisis de riesgos, identificando las amenazas y salvaguardas necesarias para la continuidad del negocio. Igualmente, hay que destacar la importancia del ciclo continuo de la gestión de riesgos y la gobernanza para clasificar la información según su sensibilidad y protección requerida.

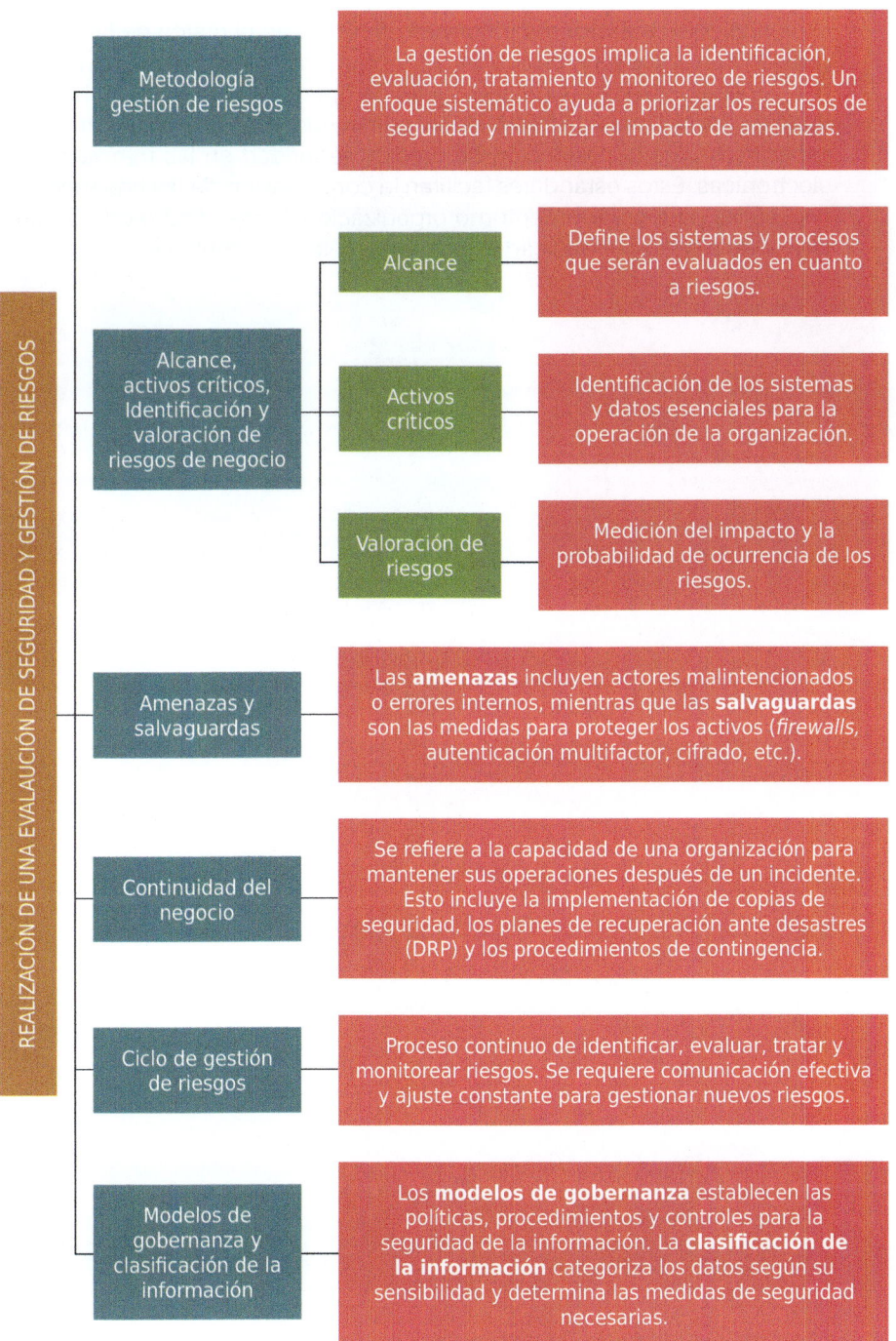

REALIZACIÓN DE UNA EVALAUCIÓN DE SEGURIDAD Y GESTIÓN DE RIESGOS

Metodología gestión de riesgos

La gestión de riesgos implica la identificación, evaluación, tratamiento y monitoreo de riesgos. Un enfoque sistemático ayuda a priorizar los recursos de seguridad y minimizar el impacto de amenazas.

Alcance, activos críticos, Identificación y valoración de riesgos de negocio

Alcance

Define los sistemas y procesos que serán evaluados en cuanto a riesgos.

Activos críticos

Identificación de los sistemas y datos esenciales para la operación de la organización.

Valoración de riesgos

Medición del impacto y la probabilidad de ocurrencia de los riesgos.

Amenazas y salvaguardas

Las **amenazas** incluyen actores malintencionados o errores internos, mientras que las **salvaguardas** son las medidas para proteger los activos (*firewalls*, autenticación multifactor, cifrado, etc.).

Continuidad del negocio

Se refiere a la capacidad de una organización para mantener sus operaciones después de un incidente. Esto incluye la implementación de copias de seguridad, los planes de recuperación ante desastres (DRP) y los procedimientos de contingencia.

Ciclo de gestión de riesgos

Proceso continuo de identificar, evaluar, tratar y monitorear riesgos. Se requiere comunicación efectiva y ajuste constante para gestionar nuevos riesgos.

Modelos de gobernanza y clasificación de la información

Los **modelos de gobernanza** establecen las políticas, procedimientos y controles para la seguridad de la información. La **clasificación de la información** categoriza los datos según su sensibilidad y determina las medidas de seguridad necesarias.

Los principales **estándares y normas** utilizados en el marco de la ciberseguridad son útiles para profesionales y organizaciones que buscan entender y aplicar las mejores prácticas a fin de optimizar la gestión de la seguridad de los sistemas de información, cumpliendo también con normativas específicas para la protección de datos y seguridad en las transacciones electrónicas. Estos estándares facilitan la comprensión de las herramientas necesarias para crear un entorno organizacional más seguro en un paradigma de ciberseguridad cada vez más complejo y cambiante.

ESTÁNDARES Y REGULACIÓN

Information Security Management: ISO 2700, 27001, 27002, 27005
- **ISO 27001:** establece un sistema de gestión de seguridad de la información (SGSI).
- **ISO 27002:** proporciona directrices para seleccionar controles de seguridad.
- **ISO 27005:** gestiona los riesgos en el contexto de la seguridad de la información.

Risk Management: ISO 31000, 31010, COBIT 5, NIST 800-39
- **ISO 31000:** proporciona principios para la gestión de riesgos.
- **COBIT 5:** marco de gobierno y gestión de TI.
- **NIST 800-39:** enfoque integrado para la gestión de riesgos relacionados con TI.

Risk Assessment: NIST 800-30
- Proporciona directrices detalladas para la evaluación de riesgos, identificando amenazas y vulnerabilidades, y evaluando el impacto.

Security Controls: NIST 800-53
- Establece controles de seguridad para sistemas de información federales, clasificando controles de acceso, auditoría, autenticación y más.

Specific: GDPR (Data Protection), OWASP (Web Application Security), PCI-DSS
- **GDPR:** regula la protección de datos personales en la UE.
- **OWASP:** enfocado en la seguridad de aplicaciones web.
- **PCI-DSS:** seguridad de transacciones con tarjetas de crédito.

Risk Framework: NIST Framework
- Enfocado en la identificación, protección, detección, respuesta y recuperación ante incidentes de ciberseguridad.

Threats of ICS: NIST 800-82
- Proporciona directrices para la protección de sistemas de control industrial (ICS).

IACS standards: ISA/IEC-62443
- Protección de los sistemas de automatización y control industrial. Cubre todo el ciclo de vida del sistema.

La gestión de incidentes implica las fases de preparación, identificación, contención, erradicación, recuperación y aprendizaje adquirido. La gestión eficaz de incidentes ayuda a minimizar el impacto de un ciberataque y evitar la repetición de incidentes similares en el futuro.

Ejercicios de autoevaluación
Unidad de Aprendizaje 1

1. Indica si las siguientes afirmaciones son verdaderas o falsas.

    a. En el ámbito industrial, la ciberseguridad cobra una importancia aún mayor, debido a la creciente digitalización y conexión de los sistemas críticos.

- Verdadero
- Falso

    b. Los ataques cibernéticos causan exclusivamente pérdidas económicas.

- Verdadero
- Falso

    c. La comprensión de los fundamentos de la ciberseguridad permite a los profesionales, y en general a todos los miembros de una organización, tener conciencia sobre las amenazas a las que están expuestos.

- Verdadero
- Falso

2. ¿Cuál de los siguientes no es un pilar fundamental de la ciberseguridad?

    a. Confidencialidad
    b. Integridad
    c. Redundancia
    d. Disponibilidad

3. ¿Qué representa la A en el triángulo CID (CIA en inglés) en ciberseguridad?

    a. Disponibilidad
    b. Autenticación
    c. Autorización
    d. Acceso

4. ¿Qué técnica se usa para garantizar que una persona es quien dice ser al acceder a un sistema?

   a. Autenticación
   b. *Firewall*
   c. Criptografía
   d. Autorización

5. ¿Qué tipo de amenaza implica la manipulación de empleados para obtener acceso a sistemas sensibles?

   a. Ataque DDoS
   b. Denegación de servicio (DoS)
   c. Ingeniería social
   d. *Phishing*

6. ¿Qué es un ataque de denegación de servicio (DoS)?

   a. Un ataque que satura los sistemas con tráfico excesivo para interrumpir el servicio.
   b. Un ataque que compromete la confidencialidad de los datos.
   c. Un ataque que infecta los sistemas con *malware.*
   d. Un ataque que roba credenciales de usuario.

7. ¿Cuál de las siguientes fases forma parte de una metodología de gestión de riesgos?

   a. Monitoreo y revisión
   b. Implementación de parches
   c. Escaneo de virus
   d. Desconexión de redes

8. ¿Qué son los activos críticos en ciberseguridad?

   a. Solo los servidores web.
   b. Bases de datos desactualizadas.
   c. Recursos esenciales cuya pérdida afectaría gravemente a la organización.
   d. Dispositivos de *hardware* de la organización.

9. ¿Qué significa la continuidad del negocio en el contexto de la ciberseguridad?

    a. La capacidad de una organización para seguir operando
       después de un incidente.
    b. El proceso de realizar evaluaciones de seguridad cada año.
    c. La implementación solo de medidas de prevención
       de ataques.
    d. La restauración de sistemas tras un ataque de *malware*.

10. ¿Qué estándar proporciona directrices específicas para la gestión
de la seguridad de la información?

    a. OWASP
    b. PCI-DSS
    c. NIST 800-82
    d. ISO 27001

Introducción a la ciberseguridad: seguridad de los sistemas

Contenido

Objetivos

El objetivo general de esta Unidad de aprendizaje es:

→ Adquirir los conocimientos y habilidades para implementar medidas efectivas de seguridad en los sistemas informáticos, automatizar la protección de infraestructuras tecnológicas, evaluar los niveles de seguridad en redes y aplicar herramientas de simulación de ataques, para proteger y fortalecer la integridad de los sistemas de información.

Los objetivos específicos de esta Unidad de Aprendizaje son:

→ Obtener conocimientos para la automatización de la securización de sistemas.

→ Utilizar herramientas de evaluación/escaneo de los niveles de seguridad de redes.

→ Aplicar herramientas de simulación de ataques.

1. Introducción

Esta unidad didáctica se centra en comprender y gestionar los aspectos relacionados con la protección de los sistemas informáticos y de información de una organización. En este contexto, es esencial aplicar las mejores prácticas en ciberseguridad, desde la identificación de las amenazas hasta la implementación de medidas de seguridad robustas, con el fin de garantizar la integridad, disponibilidad y confidencialidad de los datos.

El contenido abarca una serie de cuestiones que se alinean con los fundamentos de la ciberseguridad. Destaca la importancia de fortalecer tanto los sistemas operativos como las redes y las aplicaciones, protegiendo activos críticos como bases de datos, dispositivos móviles y servidores. Esta protección no solo contempla la implementación de herramientas de seguridad, sino también la creación de políticas que regulen el acceso a la información y la respuesta frente a posibles ataques.

La gestión adecuada del riesgo y el desarrollo de estrategias de recuperación son también componentes clave de esta unidad, ya que proporcionan una base sólida para abordar los desafíos que presentan los entornos digitales modernos.

A medida que avances en esta unidad, comprobarás cómo Mario, utilizando sus conocimientos de seguridad de los sistemas, fortalece la infraestructura tecnológica de su empresa, implementando soluciones avanzadas de defensa en redes, aplicando medidas de seguridad en profundidad y utilizando herramientas de *hacking* ético, para asegurar que TechSystems esté protegida frente a las amenazas del mundo digital.

2. Conocimientos de la seguridad de los sistemas

☞ HILO CONDUCTOR

Mario había avanzado en su investigación y comprendía mejor la importancia de aplicar medidas de seguridad en los sistemas. Recordó que cada sistema operativo, ya fuera *Windows* o *Linux*, requería configuraciones específicas para asegurar su protección. Decidió realizar una actualización de seguridad en todos los servidores y aplicar políticas de acceso más restrictivas para evitar nuevas

Continúa en página siguiente >>

<< Viene de página anterior

vulnerabilidades. Igualmente, implementó copias de seguridad automáticas y activó auditorías continuas para supervisar los accesos a los datos más sensibles de TechSystems, con lo que se aseguró de que ningún atacante pudiera explotar brechas en el futuro.

Es fundamental comprender que la **gestión de riesgos** juega un papel decisivo en la protección de los sistemas de información de cualquier tipo de organización. Este proceso es fundamental para asegurar la **resiliencia de la organización** ante eventos imprevistos, pues ayuda a minimizar las pérdidas y aprovecha las oportunidades que puedan surgir. Con un enfoque estructurado y dinámico, la gestión de riesgos se convierte en un pilar central para el éxito a largo plazo de cualquier empresa.

Las **fases** del proceso de la gestión de riesgos son las siguientes:

1. **Identificación de riesgos.** El primer paso es detectar los riesgos que podrían afectar a la organización. Este proceso implica buscar tanto las amenazas internas como las externas. Los riesgos pueden estar relacionados con múltiples factores, como fallos tecnológicos, cambios en la legislación, problemas financieros o incluso desastres naturales.
   Por ejemplo, para una empresa que utiliza sistemas en la nube, un riesgo identificado podría ser una posible vulnerabilidad en la seguridad del proveedor de servicios en la nube. El fallo de seguridad podría comprometer los datos confidenciales de la organización.
   Para realizar una buena identificación de riesgos, se pueden utilizar varias técnicas, como la revisión de datos históricos de incidentes, el análisis de escenarios o la consulta a expertos dentro y fuera de la organización. Además, la participación de todos los departamentos es fundamental, ya que cada uno puede estar expuesto a riesgos diferentes.
2. **Análisis de riesgos.** Una vez que los riesgos han sido identificados, el siguiente paso es analizar su naturaleza. Esto implica evaluar la probabilidad de que el riesgo ocurra y el impacto que tendría en la organización si se materializara. En este punto, se suelen usar matrices de probabilidad e impacto para clasificar los riesgos en niveles como bajo, medio o alto.
   Por ejemplo, siguiendo con el ejemplo anterior de la seguridad en la nube, en el análisis se evaluaría lo probable que es que se produzca una violación de seguridad (quizás basado en incidentes previos) y qué impacto tendría en la empresa, como la pérdida de datos sensibles o daños a la reputación. Es fundamental no solo centrarse en los impactos negativos, sino también en los positivos, ya que algunos riesgos pueden ofrecer oportunidades. Por ejemplo, un cambio en la legislación puede abrir nuevas líneas de negocio.

3. **Evaluación de riesgos.** En este paso, los riesgos identificados y analizados se priorizan en función de su importancia. Esto ayuda a determinar cuáles deben abordarse de manera inmediata y cuáles pueden gestionarse a más largo plazo. Para ello, se suele emplear una matriz de riesgos, en la que los riesgos con alta probabilidad y alto impacto se consideran críticos.

   Por ejemplo, si la probabilidad de un ataque cibernético en la nube es alta y el impacto sería muy perjudicial, ese riesgo se clasifica como de prioridad alta, lo cual requiere una atención urgente.

   Este proceso de evaluación ayuda a la organización a concentrar sus esfuerzos y recursos en los riesgos más significativos, para asegurar una respuesta eficiente.

En un entorno empresarial moderno, la seguridad de los sistemas no solo depende de la implementación de tecnologías avanzadas, sino también de un enfoque integral que aborde la identificación, análisis y tratamiento de los riesgos asociados a los sistemas y activos críticos de la organización.

Pero también la gestión de riesgos exige tres **pasos** más a los explicados con anterioridad y que son fundamentales:

➲ **Tratamiento de riesgos.** Aquí se decide qué acciones se tomarán para mitigar, transferir, evitar o aceptar cada riesgo. Las estrategias dependen de la naturaleza del riesgo:

   ◑ Mitigar: reducir la probabilidad o el impacto del riesgo.
   ◑ Transferir: pasar el riesgo a un tercero (por ejemplo, contratando un seguro).
   ◑ Evitar: eliminar completamente la actividad que genera el riesgo.
   ◑ Aceptar: asumir el riesgo si su impacto es bajo o los costos de mitigación son demasiado altos.

   Por ejemplo, en el caso del riesgo de ciberseguridad, la organización podría mitigar el riesgo implementando medidas como la encriptación de datos, la autenticación multifactor y haciendo auditorías de seguridad periódicas. También podría transferir parte del riesgo contratando un seguro contra ciberataques.

   El tratamiento de riesgos requiere asignar responsabilidades a diferentes personas o equipos para garantizar que las medidas sean implementadas efectivamente.

➲ **Monitoreo y revisión de riesgos.** La gestión de riesgos no es un proceso estático. Los riesgos y su entorno cambian con el tiempo, por lo que es esencial monitorear continuamente los riesgos y revisar las medidas adoptadas. Esto permite ajustar las estrategias de gestión de riesgos a medida que surgen nuevas amenazas o cambian las condiciones del mercado.

Por ejemplo, si la empresa detecta una nueva vulnerabilidad en los sistemas en la nube o en su proveedor de servicios, podría ser necesario revisar las medidas de seguridad implementadas y actualizar sus protocolos para garantizar una protección continua.

El monitoreo incluye también la revisión de los controles establecidos para asegurarse de que siguen siendo efectivos y de que los riesgos se gestionan de acuerdo con el plan.

- ⊃ **Comunicación y consulta.** Durante todo el proceso, es clave mantener una buena comunicación entre todas las partes interesadas, tanto internas como externas. Esto asegura que todos estén al tanto de los riesgos y de las acciones que se están tomando. La consulta a expertos externos también puede ayudar a identificar riesgos, que de otro modo pasarían desapercibidos.

Por ejemplo, el departamento de TI debe comunicar regularmente al comité de seguridad cualquier incidencia en la nube, mientras que el equipo de gestión de riesgos debe informar a la dirección general sobre las principales amenazas y las medidas implementadas.

La transparencia en la comunicación es clave para crear una cultura de gestión de riesgos efectiva.

NOTA

Según el estándar marco de la gestión de riesgos, este proceso implica identificar, analizar y evaluar posibles amenazas que pudieran comprometer la seguridad de los activos críticos. Estas acciones deben basarse en un enfoque estructurado y continuo que permita a la organización adaptarse dinámicamente a las nuevas vulnerabilidades y riesgos.

La seguridad de los sistemas es un conjunto de medidas diseñadas para proteger los principios de la seguridad de los sistemas informáticos y de la información que manejan. Estas medidas son fundamentales para garantizar que los sistemas operen de manera fiable y que los datos permanezcan protegidos contra accesos no autorizados, fallos o ataques cibernéticos.

La gestión de riesgos en la seguridad de los sistemas es un proceso continuo que permite identificar posibles vulnerabilidades o amenazas, evaluar el impacto potencial y la probabilidad de que se materialicen, tomando medidas para mitigarlas o gestionarlas adecuadamente.

Requisitos de seguridad de los activos de información y expectativas de las partes interesadas y seguridad en redes

⮞ **Política de alcance**

    ♢ CONTROLES OPERACIONALES (**operación**)

        ↕ Inventario de activos
        ↕ Declaración de aplicabilidad
        ↕ Evaluación de riesgos
        ↕ Gestión de usuario
        ↕ Gestión de trazas
        ↕ Monitoreo de sistemas
        ↕ Protección de *malware*

    ♢ HERRAMIENTAS

        ↕ Evaluación de riesgos con metodología MEGERIT (**operación**)
        ↕ Plan de tratamiento de riesgos
        ↕ Registros
        ↕ Concienciación, programas formativos
        ↕ Vulnerabilidades y parches
        ↕ Configuración
        ↕ Respaldo de información
        ↕ Seguridad física

    ♢ MÉTRICAS (**monitoreo y revisión**) – MEJORA CONTINUA

        ↕ Niveles de riesgos
        ↕ Correlación de información
        ↕ Integración
        ↕ Alerta de seguridad

 IMPORTANTE

El enfoque proactivo de la gestión de riesgos es esencial en un entorno de seguridad en constante evolución, donde las amenazas cibernéticas se vuelven cada vez más sofisticadas y las organizaciones deben estar preparadas para responder rápidamente a los nuevos desafíos.

Ya sabemos sobre la importancia que tiene asignar roles y responsabilidades claras dentro de la estructura organizativa. De esta manera, cada miembro del equipo, desde el personal directivo hasta el personal operativo, tiene un **papel bien definido en la gestión de la seguridad de los sistemas.** También es importante contar con un **plan de tratamiento de riesgos.**

Plan para el tratamiento de riesgos	CÓDIGO IDENTIFICATIVO DEL RIESGO	Un código único asignado a cada riesgo para facilitar su seguimiento y referencia
	DESCRIPCIÓN	Explicación detallada del riesgo, que incluye su naturaleza y las posibles causas que lo originan
	INDICADOR	Señales o métricas utilizadas para monitorear el riesgo y detectar si está ocurriendo o aumentando
	ÁREA DE IMPACTO	La sección de la organización o los activos que podrían verse afectados por el riesgo, como operaciones, finanzas o reputación
	IMPACTO	Evaluación del efecto que tendría el riesgo si se materializara (pudiendo clasificarse como bajo, medio o alto)
	PROBABILIDAD DE OCURRENCIA	Estimación de la posibilidad de que el riesgo ocurra (también clasificada en bajo, medio o alto)
	NIVEL DE RIESGO	Una combinación del impacto y la probabilidad de ocurrencia para determinar la criticidad del riesgo (bajo, medio, alto)
	RESPONSABLE	Persona o equipo designado para gestionar el riesgo y garantizar que se implementen las medidas de control
	CONTROLES	Acciones o mecanismos existentes o propuestos para mitigar, transferir, evitar o aceptar el riesgo

Aspectos clave para la elaboración de un plan para el tratamiento de riesgos

Una vez se determinan los controles que se deben aplicar, es útil definir con mayor concreción el plan de tratamiento de riesgos. En este sentido, se han de nombrar los **responsables** de la implementación de los controles, el **tiempo** asignado para completar su ejecución y los **recursos** necesarios para llevarlos a cabo:

- **Control a implementar:** define la medida de control específica que busca corregir la situación de riesgo. La misma medida puede aplicarse a distintos tipos de riesgo relacionados.
- **Actuación sobre los diferentes tipos de riesgos:** agrupa los riesgos que se abordarán con la medida de control mencionada.
- **Responsable de la ejecución:** persona encargada de llevar a cabo la medida correctora o acción correspondiente.
- **Plazo de tiempo:** el período que se otorga para implementar la medida de control, que también incluye el tiempo que el responsable tiene para informar a las partes interesadas.
- **Recursos asignados:** los recursos necesarios (humanos, tecnológicos, financieros, etc.) para que los responsables puedan implementar las medidas de corrección.

IMPORTANTE

El plan de tratamiento de riesgos permite definir claramente los controles necesarios para mitigar los riesgos, qué riesgos se van a tratar, quién será responsable de implementarlos, el tiempo en el que deben cumplirse y los recursos asignados para garantizar una gestión adecuada de los riesgos.

- -

APLICACIÓN PRÁCTICA

En el contexto de una empresa tecnológica que se enfrenta a constantes amenazas de seguridad debido al uso de sistemas heredados, ¿qué importancia tienen medidas como el tratamiento, monitoreo y revisión de riesgos? ¿Y la comunicación y consulta para garantizar la seguridad a largo plazo? Justifica tu respuesta.

Solución

Estas medidas son clave para garantizar una seguridad continuada y proactiva en una organización. Estos procesos aseguran que cualquier cambio en el entorno de amenazas sea detectado y abordado a tiempo, manteniendo la resiliencia de los sistemas de información. En una empresa tecnológica que utiliza sistemas heredados, estos pasos son fundamentales para prevenir futuras vulnerabilidades.

- -

La responsabilidad compartida y la correcta asignación de los recursos son fundamentales para garantizar que las estrategias de seguridad se implementen con eficiencia y eficacia, y que los riesgos se gestionen con proactividad.

Otro aspecto destacado es la **necesidad de adoptar un enfoque basado en la mejora continua.** La protección de los sistemas no es estática. Las amenazas evolucionan y las empresas deben estar preparadas para actualizar sus políticas y mecanismos de defensa. Este enfoque iterativo, basado en el ciclo de gestión del riesgo, permite ajustar los controles de seguridad según las nuevas amenazas, asegurando que la organización mantenga una defensa robusta frente a los riesgos emergentes.

Dentro de este contexto, el hardening de sistemas, que implica el fortalecimiento del software, hardware y las redes, surge como una práctica crítica para minimizar vulnerabilidades.

En el contexto de **los sistemas informáticos,** la gestión de riesgos ayuda a priorizar los recursos y esfuerzos para proteger los activos más importantes.

 **EJEMPLO**

Un sistema financiero crítico que maneja información confidencial de clientes requiere medidas de seguridad más estrictas que otros sistemas menos críticos. La evaluación de riesgos permite determinar qué sistemas necesitan controles adicionales, como la autenticación multifactor, el cifrado de datos o el monitoreo constante.

Una parte esencial de la seguridad de los sistemas es el **hardening** ('endurecimiento de los sistemas'). Este concepto implica reducir la superficie de ataque desactivando servicios innecesarios, aplicando parches de seguridad y configurando políticas de acceso restrictivas. Estas acciones son parte del tratamiento de riesgos y buscan disminuir tanto la probabilidad de ocurrencia, como el impacto de un posible ataque materializado.

NOTA

El proceso de *hardening* está estrechamente ligado a la gestión de riesgos, ya que ayuda a abordar vulnerabilidades específicas identificadas durante la fase de evaluación de riesgos.

A medida que las organizaciones implementan medidas de seguridad, el monitoreo y la revisión continua son claves para garantizar que las soluciones sean efectivas y que los riesgos sigan siendo gestionados de manera adecuada. **La seguridad de los sistemas no es un estado estático,** sino un proceso que debe adaptarse a las nuevas vulnerabilidades y amenazas que surgen con el tiempo. A continuación, se expone una tabla de **relación entre seguridad de sistemas y gestión de riesgos:**

⮑ **Identificación de vulnerabilidades**

- ⟳ **Definición:** proceso de detectar debilidades en los sistemas.
- ⟳ **Relación con la gestión de riesgos:** ayuda a identificar los riesgos y amenazas potenciales.

⮑ *Hardening*

- ⟳ **Definición:** reducción de la superficie de ataque mediante configuraciones seguras y eliminación de servicios innecesarios.
- ⟳ **Relación con la gestión de riesgos:** mitigación de riesgos específicos para reducir la probabilidad de ataques.

⮑ **Autenticación multifactor (MFA)**

- ⟳ **Definición:** uso de más de un factor de autenticación para acceder a sistemas.
- ⟳ **Relación con la gestión de riesgos:** control adicional que reduce el impacto de riesgos relacionados con el acceso no autorizado.

➲ **Cifrado de datos**

    ◑ **Definición:** proceso de codificar datos para protegerlos durante su transmisión o almacenamiento.

    ◑ **Relación con la gestión de riesgos:** reduce el impacto de un ataque o pérdida de datos, protegiendo la confidencialidad de la información.

➲ **Monitoreo continuo**

    ◑ **Definición:** supervisión en tiempo real de los sistemas para detectar actividades sospechosas.

    ◑ **Relación con la gestión de riesgos:** permite identificar riesgos antes de que causen un impacto significativo, facilitando una respuesta rápida.

➲ **Auditorías de seguridad**

    ◑ **Definición:** revisión periódica de las políticas y procedimientos de seguridad.

    ◑ **Relación con la gestión de riesgos:** identifica riesgos no gestionados y asegura que los controles sigan siendo efectivos.

NOTA

Esta información explica cómo los diferentes componentes de la seguridad de los sistemas están directamente relacionados con los pasos de la gestión de riesgos, y cómo se puede mitigar el impacto o la probabilidad de que un riesgo se materialice.

2.1. *Hardening: software, hardware* y redes

Gracias al *hardening* se implementan medidas complementarias de seguridad que refuerzan los sistemas en sus diferentes capas. Este enfoque va alineado con la gestión de riesgos, al garantizar que cada componente del sistema esté protegido, desde el ***software*** que se ejecuta en servidores y estaciones de trabajo o el ***hardware*** que soporta la infraestructura, hasta las **redes,** que permiten la interconexión segura de dispositivos y sistemas. De esta manera, las organizaciones consiguen asegurarse de que sus sistemas no solo cumplen con las políticas de seguridad, sino que también están optimizados para poder enfrentarse a nuevas amenazas emergentes de forma continua.

Hay que considerar, que **el *hardening* es un enfoque integral y proactivo** que, cuando se aplica correctamente, endurece cada componente del sistema.

A continuación, se van a abordar dos **aspectos clave para la protección de las infraestructuras críticas y los sistemas que manejan información sensible:** por un lado, la implementación de trabas que dificulten las acciones de los ciberdelincuentes; por otro, las medidas que mejoran la resiliencia del sistema frente a posibles ataques. Estas prácticas no solo fortalecen la seguridad, sino que crean un entorno más preparado para resistir incidentes cibernéticos:

Trabas a la ciberdelincuencia
- Hacen más difícil que los ciberatacantes encuentren una vulnerabilidad explotable. Esto es especialmente importante en infraestructuras críticas o sistemas que manejan información sensible.

Mejora de la resiliencia
- La combinación de actualización de *software*, uso de *hardware* seguro y segmentación de redes crea un entorno más seguro y resiliente frente a posibles ataques.

 **NOTA**

El *hardening* ha evolucionado y se ha convertido en una práctica fundamental no solo en sistemas operativos, sino en redes, *hardware* y aplicaciones, siguiendo el mismo principio de fortalecer frente a ataques cibernéticos, como lo harían antiguamente los soldados militares con una fortaleza.

SABÍAS QUE...

La palabra *hardening* tiene su origen en el Ejército. El término proviene del concepto "endurecer las defensas", usado tradicionalmente en el ámbito militar para describir el proceso de fortificar o hacer más resistente una estructura o posición ante ataques.

Después, el término fue adoptado para describir las medidas tomadas para proteger sistemas tecnológicos y redes de ataques externos.

Una de las primeras aplicaciones del *hardening* en el ámbito tecnológico se dio en los sistemas Unix durante los años 70 y 80. A medida que Unix se popularizaba, los desarrolladores comenzaron a notar vulnerabilidades en su diseño abierto y soberanamente configurable. Para contrarrestar esto, comenzaron a aplicar principios de *hardening,* al restringir permisos de usuario, eliminar servicios innecesarios y cerrar puertos de red abiertos, acciones que se convertirían en prácticas estándar para mejorar la seguridad de los sistemas operativos.

Hardening en Unix años 70 y 80

El *hardening* ha evolucionado y se ha convertido en una práctica fundamental no solo en sistemas operativos, sino en redes, *hardware* y aplicaciones, siguiendo el mismo principio de fortalecer frente a ataques cibernéticos, como lo harían antiguamente los soldados militares con una fortaleza.

El *hardening* se basa en la idea de que cualquier sistema expuesto sin las protecciones o capas de seguridad adecuadas es susceptible a ser atacado, por lo que endurecer sus defensas es fundamental para minimizar los riesgos.

Esta práctica es esencial en ciberseguridad, que tiene como objetivo reducir las **vulnerabilidades** en los sistemas mediante la implementación de diversas medidas de protección en cada **componente clave,** que son:

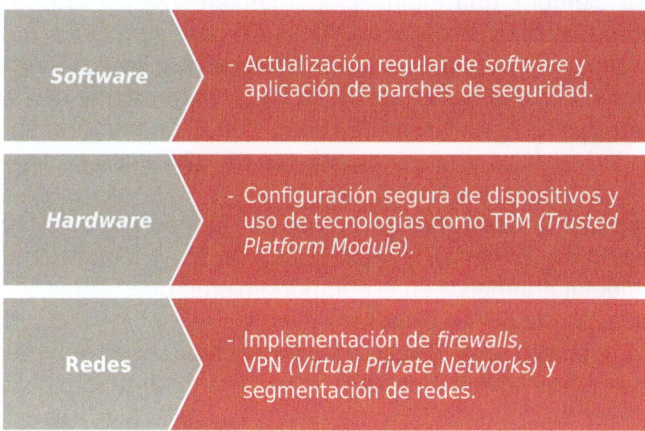

Software - Actualización regular de *software* y aplicación de parches de seguridad.

Hardware - Configuración segura de dispositivos y uso de tecnologías como TPM *(Trusted Platform Module).*

Redes - Implementación de *firewalls,* VPN *(Virtual Private Networks)* y segmentación de redes.

Además de los aspectos básicos, el *hardening* también envuelve otro tipo de **medidas de aseguramiento de los activos de información:**

➲ **Deshabilitar servicios innecesarios.** Un sistema de información suele tener servicios o funciones activas que no son utilizadas, pero que pueden ser explotadas fácilmente por la ciberdelincuencia. El *hardening* implica desactivar estos servicios o aplicaciones innecesarias para reducir la superficie de ataque.
  Por ejemplo, un servidor web tiene habilitado el servicio de impresión remota sin necesitarlo. Esto podría ser aprovechado por un atacante para escalar privilegios y comprometer el servidor. Deshabilitar servicios innecesarios reduce estas vulnerabilidades, al cerrar posibles puertas de acceso que no son esenciales para el funcionamiento del sistema.
➲ **Configuración de políticas de acceso restrictivas.** Limitar los privilegios de los usuarios es una parte clave del *hardening.* Aplicar el principio de privilegios mínimos significa que los usuarios solo tienen acceso a los recursos y funciones que realmente necesitan, lo cual reduce el riesgo de mal uso o compromiso.

Por ejemplo, el departamento financiero de una empresa maneja datos sensibles. Sin restricciones adecuadas, otros empleados podrían intentar acceder a esta información. Aplicando el principio de privilegios mínimos, solo el personal autorizado tiene acceso a esos datos, con lo que se reduce el riesgo de accesos no autorizados y se limita el impacto en caso de compromisos de seguridad.

- **Aplicación de criptografía.** Además de actualizar *software* y usar *hardware* seguro, el uso de cifrado para proteger datos tanto en tránsito como en reposo es una medida adicional que refuerza la seguridad.

Por ejemplo, una multinacional implementa cifrado completo en sus portátiles para proteger los datos. En caso de robo, el ladrón no puede acceder a la información sin la clave de descifrado. Además, los correos electrónicos enviados desde fuera de la oficina se cifran con TLS para proteger la transmisión de datos. El uso de criptografía garantiza que tanto los datos en reposo como en tránsito estén protegidos contra accesos no autorizados.

- **Registro y monitoreo de actividad.** El *hardening* esconde la implementación de sistemas de registro de eventos y monitoreo constante para detectar anomalías en el comportamiento del sistema, lo cual podría indicar un ataque en progreso.

Por ejemplo, una organización financiera utiliza un sistema SIEM para monitorear eventos de seguridad. Una madrugada, el sistema detecta intentos fallidos de inicio de sesión, lo cual activa una alerta automática. Esto permite al equipo de seguridad detener un ataque de fuerza bruta antes de que comprometa el servidor. El monitoreo constante y el análisis de *logs* ayuda a identificar actividades inusuales y permite una respuesta rápida a posibles amenazas.

- **Pruebas de penetración y auditorías de seguridad.** Para asegurar que el *hardening* ha sido efectivo, es esencial realizar auditorías periódicas y pruebas de penetración *(pentesting)*. Estas evaluaciones permiten verificar que las configuraciones y medidas adoptadas realmente están protegiendo el sistema de las amenazas actuales.

Por ejemplo, una universidad realiza pruebas de penetración para evaluar la seguridad de su red. Los *pentesters* descubren que una impresora tenía credenciales por defecto, lo que les permitió acceder a la red interna de la organización. La vulnerabilidad fue corregida rápidamente. El *pentesting* ayuda a identificar fallos de seguridad simulando ataques, mientras que las auditorías verifican si las políticas y controles de seguridad funcionan correctamente.

Hay que entender el concepto *hardening* como una práctica clave para reducir las vulnerabilidades en los sistemas de información. Junto con la identificación y respuesta a los ciberataques, se trata de una estrategia crítica para garantizar la seguridad cibernética.

Un sistema bien protegido no solo debe implementar medidas de seguridad preventivas, sino que también ha de estar preparado para detectar y responder a ataques en tiempo real.

Sistemas operativos

Cada sistema operativo enfoca la seguridad de manera diferente, por lo que es fundamental adquirir conocimientos específicos sobre las herramientas y configuraciones de seguridad propias de cada uno.

Los sistemas operativos más utilizados, Windows, Linux y macOS, ofrecen características particulares que permiten automatizar la protección de los sistemas y minimizar las vulnerabilidades.

Un sencillo ejemplo de herramienta capaz de analizar y eliminar cualquier tipo de *software* maligno encontrado en un equipo con sistema operativo *Windows* es **Microsoft Software Removal Tool** o **MSRT**. Este es un buen complemento para ser utilizado junto a **Windows Defender**.

Es muy sencillo activar este recurso incorporado en *Windows.* Basta con pulsar las teclas [**Windows + R**] y escribir **mrt** para **detectar** en tiempo real **códigos maliciosos.**

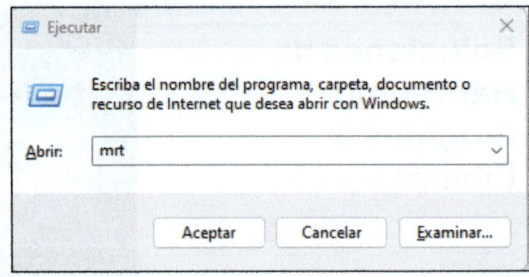

Instrucción para la activación de Microsoft Software Removal Tool

Además, esta misma herramienta eliminará de forma inmediata cualquier *software* malicioso que encontrara en su proceso de análisis.

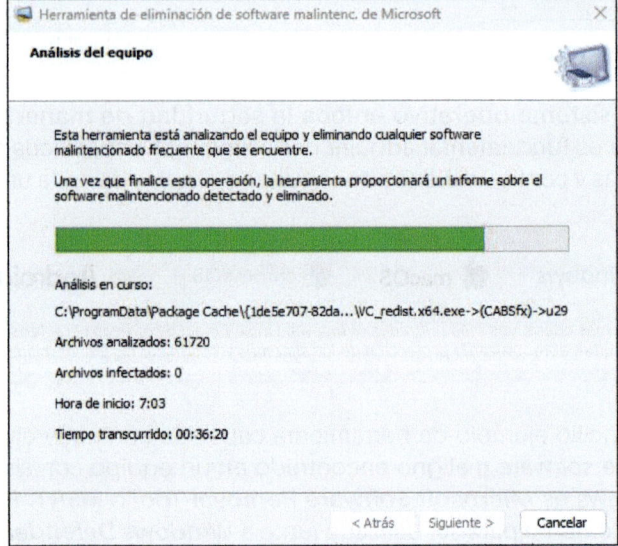

Proceso de análisis en tiempo real para la identificación y eliminación de malware

 **NOTA**

En ningún caso este tipo de herramienta para la protección de equipos *Windows* sustituye la labor de un antivirus.

- -

En *Windows,* una de las herramientas clave para mejorar la seguridad es el uso de políticas de grupo. Estas permiten gestionar configuraciones de seguridad de forma centralizada, estableciendo restricciones en el uso de dispositivos USB, configurando cortafuegos y aplicando actualizaciones automáticas para mitigar vulnerabilidades conocidas (*Microsoft,* 2022). Al mismo tiempo, **PowerShell** automatiza tareas de *hardening* y gestiona la seguridad del sistema mediante *scripts* predefinidos.

PowerShell es una plataforma de automatización y un lenguaje de scripting desarrollado por Microsoft, diseñado principalmente para la administración de sistemas y la automatización de tareas.

 SABÍAS QUE...

PowerShell combina una interfaz de línea de comandos interactiva con un lenguaje de scripting robusto. Esto permite a los administradores de sistemas y profesionales de TI automatizar una amplia gama de tareas de gestión y configuración en sistemas Windows, Linux y macOS. Utiliza cmdlets, pequeños comandos de automatización que realizan tareas específicas como gestionar servicios, archivos, registros y configuraciones del sistema. Pero no solo gestiona tareas básicas de administración, también es capaz de automatizar tareas decisivas de *hardening*, que mejoran la seguridad general del sistema con eficiencia, además de ser escalable.

Para que una persona principiante aprenda a usar *PowerShell* y esto le permita ejecutar tareas de *hardening,* es clave que inicie el aprendizaje con los conceptos básicos, como es el familiarizarse con la interfaz y los *cmdlets,* para luego avanzar hacia tareas más complejas, como la gestión de usuarios, la automatización de actualizaciones y la configuración de cortafuegos y cifrado de datos:

- **Familiarización básica con *PowerShell*.** Es fundamental que los usuarios entiendan qué es *PowerShell* y cómo funciona. A diferencia de la línea de comandos clásica de *Windows, PowerShell* es mucho más potente y flexible, por lo que aprender los conceptos básicos es esencial.
  - *Cmdlets*
    PowerShell utiliza *cmdlets,* que son comandos especializados para realizar tareas específicas. Ejemplos de *cmdlets* básicos son:
    - **Get-Help,** para obtener ayuda
    - **Get-Command,** para listar los *cmdlets* disponibles
  - Ejecutar *PowerShell* como administrador
    Para muchas tareas de seguridad y *hardening,* es necesario tener privilegios elevados. Es importante que los usuarios sepan cómo ejecutar *PowerShell* como administrador.
- **Uso de *PowerShell* para tareas de *hardening*.** Una vez se comprenda la interfaz y los *cmdlets* básicos, es posible empezar a aprender cómo aplicar configuraciones de seguridad mediante *PowerShell.*
  - Configurar políticas de seguridad
    Aplicar políticas de seguridad usando *cmdlets* como:
    - **Set-ExecutionPolicy,** para restringir la ejecución de *scripts* maliciosos y proteger el sistema.
  - Gestionar cuentas de usuario
    Utilizar *PowerShell* para deshabilitar cuentas innecesarias, cambiar contraseñas o restringir permisos con *cmdlets,* como:
    - **Disable-LocalUser, Get-LocalUser** y **Set-LocalUser**
- **Automatización de actualizaciones y parches.** Un paso importante para *hardening* es mantener el sistema actualizado. Por tanto, se debe automatizar la instalación de parches de seguridad mediante *PowerShell.*

◑ *Windows Update* con *PowerShell*

⇕ Usar **Get-WindowsUpdate** para verificar actualizaciones disponibles.

⇕ **Install-WindowsUpdate** para automatizar la instalación de actualizaciones de seguridad. Esto asegura que el sistema esté protegido contra vulnerabilidades conocidas.

➲ **Gestión de cortafuegos y políticas de red.** La seguridad de la red es vital para *hardening*. Habría que configurar el cortafuego de *Windows* mediante *PowerShell*.

◑ Crear reglas de *firewall*

⇕ Agregar y configurar reglas de cortafuegos con *cmdlets* como **New-NetFirewallRule,** lo que permite filtrar el tráfico de red no autorizado.

➲ **Cifrado de datos.** Para proteger la confidencialidad de los datos, hay que automatizar el cifrado de discos con **BitLocker.**

◑ *BitLocker*
Usar **Enable-BitLocker** para habilitar el cifrado en los discos, así se protege la información en caso de pérdida o robo del dispositivo.

➲ **Uso de scripts y automatización.** Es importante que las personas usuarias de *PowerShell* entiendan cómo crear y ejecutar *scripts* para automatizar tareas repetitivas de *hardening*.

◑ Creación de *scripts*
Por ejemplo, cómo automatizar el cierre de puertos, aplicar políticas de seguridad o realizar auditorías del sistema.

◑ Revisar permisos y configuraciones
Los *scripts* pueden ser utilizados para revisar periódicamente la configuración de seguridad del sistema, alertar sobre problemas y asegurar que el sistema cumple con las mejores prácticas de *hardening*.

La siguiente tabla ofrece una visión clara y concisa de algunos de los *cmdlets* más importantes que se pueden utilizar para automatizar tareas de **securización** en sistemas *Windows*. Estas acciones ayudan a proteger el sistema operativo mediante robustas configuraciones de seguridad. Cada *cmdlet* facilita la implementación de medidas clave para reducir las vulnerabilidades y fortalecer la seguridad de los sistemas, asegurando que se mantengan protegidos contra amenazas y accesos no autorizados.

Tabla de *PowerShell* para *hardening*

Tarea	Cmdlet	Descripción
Cambiar la política de ejecución de *scripts*	**Set-ExecutionPolicy**	Controla qué *scripts* pueden ejecutarse en el sistema.
Deshabilitar cuentas de usuario inactivas	**Disable-LocalUser**	Desactiva cuentas de usuario que ya no se usan.
Instalar actualizaciones de *Windows*	**Install-WindowsUpdate**	Automatiza la instalación de actualizaciones y parches de seguridad.
Crear una regla de cortafuegos	**New-NetFirewallRule**	Crea una nueva regla de cortafuegos para bloquear tráfico no deseado.
Habilitar el cifrado de discos con *BitLocker*	**Enable-BitLocker**	Activa el cifrado del disco para proteger datos sensibles.

 PARA SABER MÁS

PowerShell tiene una extensa comunidad y documentación disponible. Un buen recurso en español que permite aprender a utilizar Get-Help y buscar información sobre cmdlets y Get-Command para explorar todas las posibilidades que PowerShell ofrece es la página oficial de Microsoft Docs. Accede a dicha página desde aquí:

https://redirectoronline.com/ifct00500108

APLICACIÓN PRÁCTICA

En el contexto de una empresa que busca automatizar sus procesos de seguridad en sistemas *Windows*, ¿cuál de los siguientes *cmdlets* de *PowerShell* es más relevante para automatizar la instalación de actualizaciones de seguridad?

- **New-NetFirewallRule**
- **Enable-BitLocker**
- **Install-WindowsUpdate**
- **Set-ExecutionPolicy**

Solución

El cmdlet Install-WindowsUpdate permite automatizar la instalación de actualizaciones y parches de seguridad en sistemas *Windows*, asegurando que los sistemas operativos estén siempre protegidos contra las últimas vulnerabilidades. Automatizar esta tarea es crucial para garantizar que los sistemas estén actualizados y protegidos contra posibles amenazas.

- -

Por otro lado, *Linux* proporciona herramientas como ***iptables*** para la configuración avanzada de cortafuegos, y ***SELinux*** para el control de acceso obligatorio, que permite definir políticas de seguridad granulares sobre qué procesos y usuarios pueden interactuar con qué recursos (NIST, 2020).

DEFINICIÓN

iptables
Herramienta avanzada para configurar las reglas del cortafuegos en *Linux*.

SELinux* o *Security-Enhanced Linux
Herramienta poderosa que ofrece un control granular sobre qué procesos y usuarios pueden interactuar con qué recursos en un sistema.

- -

A continuación, se presenta una breve introducción a dos conceptos esenciales en la gestión de seguridad en sistemas *Linux:*

⊃ **Iptables.** Puede parecer intimidante para una persona principiante; sin embargo, es importante empezar entendiendo cómo funcionan y algunos aspectos básicos:

  ◑ *iptables* utiliza reglas para definir qué tráfico está permitido y cuál debe bloquearse. Estas reglas se agrupan en cadenas que filtran el tráfico entrante, saliente o reenviado.
  ◑ En *iptables* se pueden escribir reglas básicas, como permitir o bloquear el tráfico en ciertos puertos.
  ◑ Ejemplo de regla:

   ⇕ **sudo iptables** -A INPUT -p tcp --dport 22 -j ACCEPT
   ⇕ Este comando de *iptables* se utiliza para **permitir el tráfico entrante** en el puerto 22, que es el puerto que normalmente utiliza **SSH** (una herramienta para acceder a otros equipos de manera remota y segura).

    ○ **-A INPUT** añade una regla para el tráfico **entrante.**
    ○ **-p tcp** especifica que se trata de tráfico **TCP** (protocolo de transmisión utilizado por la mayoría de las aplicaciones en internet).
    ○ **--dport 22** indica el **puerto 22**, utilizado por *SSH.*
    ○ **-j ACCEPT** la acción que tomar es **aceptar** ese tráfico.

Es importante recordar que hay que guardar las reglas de *iptables* para que estas persistan después de reiniciar el sistema.

⊃ **SELinux.** Permite definir de manera muy detallada qué acciones pueden realizar los diferentes procesos y usuarios dentro de un sistema operativo. Es decir, *SELinux* establece reglas específicas para controlar qué procesos (programas o aplicaciones) pueden acceder a ciertos archivos, carpetas o recursos, y qué usuarios pueden realizar determinadas tareas. Por ejemplo, con *SELinux* se puede asegurar que solo un proceso específico pueda leer o modificar un archivo, mientras que otros procesos no tendrán permiso. De esta manera, *SELinux* mejora la seguridad del sistema, al limitar el acceso a los recursos de manera estricta, evitando que procesos o usuarios no autorizados puedan realizar acciones que puedan comprometer la seguridad del sistema.

Dado que puede parecer complicado al principio, se debe introducir con cuidado:

◑ *SELinux* tiene tres modos principales:

  ⇕ **enforcing** (aplica todas las políticas)
  ⇕ **permissive** (registra los errores, pero no bloquea)
  ⇕ **disabled** (desactivado)

◑ En *SELinux,* los archivos, procesos y usuarios tienen etiquetas de seguridad o contextos que definen cómo interactúan entre sí.
  Este ejemplo básico muestra cómo ver el contexto de un archivo:

  ⇕ ls -Z /var/www/html
  Este comando muestra el contexto de seguridad del archivo o carpeta en **/var/www/html,** lo cual ayuda a entender qué permisos tiene según las reglas de *SELinux.*

➲ Al utilizar comandos como setsebool se habilitan o deshabilitan políticas de seguridad, y se pueden manejar alertas de SELinux. Con ello se consigue controlar el comportamiento del sistema, una manera de configurar SELinux para controlar el acceso a distintos recursos. Asimismo, también ayuda a gestionar alertas de seguridad que SELinux genera cuando detecta actividades no permitidas. Por ejemplo, si una política está bloqueando algo que el usuario necesita, se puede usar setsebool para cambiar esa configuración de seguridad.

 PARA SABER MÁS

La página oficial del proyecto Netfilter ofrece una visión completa sobre *iptables,* la herramienta clave para la configuración de cortafuegos en sistemas *Linux.* En este sitio, cualquier usuario puede profundizar sobre cómo establecer reglas de filtrado de tráfico, gestionar conexiones y proteger redes mediante ejemplos y casos de uso prácticos.

Accede a la página desde aquí:

Continúa en página siguiente >>

<< Viene de página anterior

https://redirectoronline.com/ifct00500109

Por otra parte, en el sitio oficial del proyecto SELinux se proporciona una guía detallada sobre cómo utilizar *Security-Enhanced Linux* para implementar controles de acceso avanzados en sistemas *Linux*. Los usuarios pueden aprender a configurar y ajustar políticas de seguridad para proteger archivos, procesos y usuarios mediante ejemplos y documentación práctica.

https://redirectoronline.com/ifct00500110

La automatización en *Linux* es posible mediante herramientas como **Ansible,** que permite la implementación automatizada de configuraciones de seguridad en múltiples servidores a la vez, como la aplicación de reglas de cortafuegos o la configuración de políticas de *SELinux*.

Ansible permite automatizar configuraciones sin necesidad de instalar agentes en los servidores. Utiliza archivos **YAML** para definir **playbooks,** que contienen instrucciones sobre cómo configurar los servidores. Igualmente, esta herramienta facilita la replicación de configuraciones de seguridad en múltiples servidores. Esto significa que es esencial para entornos empresariales grandes o en crecimiento.

 **EJEMPLO**

Este es un sencillo ejemplo de un *playbook* que aplica una regla de *iptables* o configura *SELinux* en varios servidores:

Playbook básico de Ansible con archivos YAML

- —-
- - hosts: servidores
- tasks:
- - name: Habilitar el tráfico SSH
- iptables:
- chain: INPUT
- protocol: tcp
- dport: 22
- jump: ACCEPT

 PARA SABER MÁS

La documentación oficial de *Ansible* es un recurso fundamental para aprender a automatizar tareas en múltiples servidores, incluyendo la seguridad y la administración de sistemas *Linux*. Este sitio ofrece ejemplos detallados y tutoriales que muestran cómo implementar configuraciones de manera eficiente en entornos complejos. Accede al sitio desde aquí:

https://redirectoronline.com/ifct00500111

En *macOS,* aunque menos atacado que *Windows,* las medidas de seguridad abarcan la gestión de perfiles de configuración y el uso de herramientas de automatización como *Jamf Pro,* que permite la gestión centralizada y segura de dispositivos Apple en entornos empresariales (Apple, 2021).

Una herramienta integrada en *macOS* para el análisis y eliminación de *malware* es *XProtect,* el sistema de detección de *malware* nativo de Apple. Aunque *XProtect* funciona en segundo plano y se actualiza automáticamente para detectar y bloquear amenazas conocidas, existe también otra herramienta más accesible para los usuarios llamada *Malwarebytes,* que ofrece una interfaz más directa para escanear y eliminar *malware* de dispositivos *macOS.*

Malwarebytes es sencillo de usar. Proporciona una capa adicional de seguridad para aquellas personas usuarias que desean tener más control sobre la eliminación de *malware* en sus dispositivos *macOS.*

A continuación, se explica cómo descargar, instalar y utilizar *Malwarebytes* en *macOS* para proteger un sistema informático de posibles amenazas:

- **Descargar e instalar:** dirígete al sitio oficial de *Malwarebytes* y descarga la versión para *macOS.* La URL es: <https://www.malwarebytes.com/mac>. Accede desde aquí:

https://redirectoronline.com/ifct00500114

Una vez descargado, abre el instalador y sigue las instrucciones para instalar el *software.*
- **Iniciar un análisis de *malware*.** Abre la aplicación *Malwarebytes* desde el *launchpad* o la carpeta de aplicaciones.
  En la pantalla principal, verás un botón que dice **Escanear.** Haz clic en él para comenzar a analizar tu sistema en busca de *malware.*
- **Eliminar *malware* detectado.** Después de completar el análisis, *Malwarebytes* mostrará una lista de cualquier *malware* o *software* potencialmente no deseado que haya encontrado.
  Haz clic en **Eliminar** para deshacerte de las amenazas detectadas.
- **Activar análisis automático.** En la versión prémium de *Malwarebytes* puedes programar análisis automáticos para garantizar que tu sistema se mantenga protegido de manera regular.

Aplicaciones

Las aplicaciones, tanto web como de escritorio, deben desarrollarse en un marco de seguridad riguroso, para evitar vulnerabilidades críticas. El estándar **OWASP Top Ten** es una guía fundamental para entender y mitigar las vulnerabilidades más comunes en aplicaciones web, tales como la inyección SQL o el *Cross-Site Scripting* (XSS) (OWASP, 2023).

El Proyecto de Seguridad de Aplicaciones Web Abiertas (OWASP) es una organización sin ánimo de lucro que ofrece recomendaciones sobre cómo crear, adquirir y mantener aplicaciones de *software* que sean seguras y confiables.

OWASP Top Ten proporciona una **lista completa de los riesgos cibernéticos más relevantes para las aplicaciones web.** Es muy importante conocer cuáles son estos riesgos, especialmente para los profesionales de desarrollo de *software,* puesto que la información que facilita permite evitar fugas de datos hasta parchear cualquier vulnerabilidad.

A continuación, se explican los **diez riesgos cibernéticos** más importantes en aplicaciones web:

1. **Control de acceso interrumpido (A01:2021).** Este riesgo ha pasado a ser el número 1, es muy común: el 94 % de las aplicaciones presentan alguna forma de control de acceso deficiente. Esto ocurre cuando los usuarios acceden a funciones o datos a los que no deberían tener acceso. Un ejemplo sería si un usuario normal logra acceder a información de administrador por un error en los permisos.
2. **Fallos criptográficos (A02:2021).** Anteriormente conocido como exposición de datos confidenciales, este riesgo sube al puesto número 2 y se enfoca en problemas de criptografía, como el mal uso de algoritmos de cifrado, que llevan a la exposición de información sensible. Un ejemplo es la falta de cifrado en las contraseñas de los usuarios. Esto permite que un atacante las obtenga fácilmente.
3. **Inyección (A03:2021).** Aunque desciende al tercer lugar, la inyección sigue siendo un riesgo crítico. Sucede cuando un atacante introduce código malicioso en una aplicación, como en una inyección SQL, para acceder a datos o modificar información. El 94 % de las aplicaciones también presentan este tipo de vulnerabilidad.
4. **Diseño inseguro (A04:2021).** Este es un nuevo riesgo, que se incorpora en el año 2021. Se refiere a los problemas que surgen cuando las aplicaciones no se diseñan con la seguridad en mente desde el principio. Un ejemplo sería no realizar un modelo de amenazas durante la fase de

diseño. Esto deja la puerta abierta a vulnerabilidades en la estructura de la aplicación.

5. **Configuración de seguridad incorrecta (A05:2021).** Este riesgo ha subido posiciones debido a la cantidad de aplicaciones que se configuran de manera inapropiada, lo cual deja abiertos puntos de acceso no seguros. Un caso típico es la configuración incorrecta de un servidor web, lo que permite que archivos sensibles sean accesibles públicamente.

6. **Componentes vulnerables y obsoletos (A06:2021).** Este riesgo también sube en nivel de importancia. Ocurre cuando una aplicación utiliza bibliotecas o componentes con vulnerabilidades conocidas. Un ejemplo sería usar una versión antigua de una biblioteca de JavaScript que tiene fallos de seguridad.

7. **Errores de identificación y autenticación (A07:2021).** Este riesgo, antes conocido como autenticación interrumpida, está relacionado con fallos en la forma en que las aplicaciones identifican y autentican a los usuarios. Esto posibilita a los ciberatacantes hacerse pasar por otros usuarios. Un ejemplo sería no implementar autenticación multifactor (MFA) en una aplicación sensible.

8. **Fallas de integridad de datos y** *software* **(A08:2021).** Este es un riesgo nuevo para 2021. Se centra en asegurar la integridad de los datos y el *software* en procesos como actualizaciones y despliegue. Por ejemplo, si no se verifica la autenticidad de las actualizaciones de *software,* un atacante podría inyectar código malicioso durante una actualización.

9. **Errores de registro y monitoreo de seguridad (A09:2021).** Esta categoría ha sido ampliada. Incluye fallas relacionadas con la falta de monitoreo y registro de eventos de seguridad. Si una empresa no detecta incidentes a tiempo porque no tiene sistemas de alerta o monitoreo adecuados, los ataques pueden pasar totalmente desapercibidos. Un ejemplo es no registrar intentos de inicio de sesión fallidos.

10. **Falsificación de solicitudes del lado del servidor (SSRF) (A10:2021).** Esta es una nueva categoría incluida tras la recomendación de la comunidad. Los ataques SSRF permiten a un atacante hacer que el servidor haga solicitudes no autorizadas a otros sistemas. Aunque tiene una tasa de incidencia relativamente baja, puede tener un alto impacto, especialmente en aplicaciones que interactúan con otros servicios.

Servidores, puestos de trabajo, dispositivos móviles

La **seguridad de servidores y dispositivos** es crítica, debido a la cantidad de datos que manejan. Para proteger los servidores, es fundamental implementar un control de acceso y una autenticación multifactor, usando herramientas como **SSH con claves seguras o** *Kerberos.* También se deben aplicar cortafuegos como **ufw** o **firewalld,** para añadir una capa de seguridad.

La automatización de parches garantiza que se resuelvan vulnerabilidades conocidas sin intervención manual.

 **NOTA**

En los dispositivos móviles, la seguridad se gestiona con herramientas MDM como Microsoft Intune o AirWatch, que permiten cifrar datos, controlar configuraciones y borrar dispositivos en caso de pérdida. Estas soluciones facilitan el cumplimiento automatizado de políticas de seguridad (VMware, 2020).

La siguiente tabla recoge toda esa selección de herramientas clave para garantizar la **seguridad de los servidores y los dispositivos móviles.** Cada herramienta se enfoca en áreas específicas, como la gestión de accesos seguros, el uso de cortafuegos y la administración de dispositivos móviles, y proporciona soluciones para proteger infraestructuras empresariales.

Herramientas para la seguridad de los servidores y los dispositivos móviles

HERRAMIENTA	DESCRIPCIÓN	URL
SSH	Acceso seguro a servidores mediante claves seguras	<https://www.openssh.com/>
Kerberos	Sistema de autenticación de red para acceso seguro a servidores	<https://web.mit.edu/kerberos/>
ufw	Cortafuegos simple para sistemas Linux	<https://wiki.ubuntu.com/UncomplicatedFirewall>
firewall	Cortafuegos dinámico para sistemas Linux	<https://firewalld.org/>
Microsoft Intune	Plataforma *MDM* para gestión de dispositivos móviles en entornos empresariales	<https://learn.microsoft.com/en-us/mem/intune/fundamentals/what-is-intune>
AirWatch (VMware Workspace ONE)	Plataforma *MDM* para administración de dispositivos móviles y cumplimiento de políticas de seguridad	<https://www.vmware.com/products/workspace-one.html>

Bases de datos

La protección de bases de datos es clave para asegurar la integridad y confidencialidad de la información. Para minimizar riesgos, se utilizan **controles de acceso con autenticación de dos factores y roles de usuario específicos.** Igualmente, el cifrado de datos, tanto en reposo como en tránsito, mediante herramientas como *TDE* en *SQL Server* o **cifrado nativo de Oracle,** impide que los datos sean leídos si son interceptados. Es importante también automatizar la programación de *backups* **cifrados** para garantizar copias de seguridad seguras.

NOTA

Para automatizar la seguridad, es posible implementar sistemas de auditoría continua que monitoreen los accesos a la base de datos y alerten ante actividades sospechosas o no autorizadas.

- -

A continuación, se desarrollan **aspectos** clave sobre la protección de importantes activos de información como son las bases de datos:

- ⊃ **Confidencialidad de la información.** Se ha de recordar que el concepto *confidencialidad* hace referencia a garantizar que únicamente las personas autorizadas puedan acceder a la información sensible almacenada en las bases de datos. Para ello, se recomienda implementar **autenticación multifactor (MFA)** y gestionar **roles de usuario específicos.**
Por ejemplo, en MySQL se puede crear un usuario con permisos específicos de esta manera:
CREATE USER 'usuario_limited'@'localhost' IDENTIFIED BY 'password_seguro';
GRANT SELECT, INSERT ON base_datos.* TO 'usuario_limited'@'localhost';
Con ello se está creando un usuario con permisos limitados para solo consultar y añadir datos a la base de datos, sin duda un aspecto importante que mejora la confidencialidad.
- ⊃ **Integridad de los datos.** Igualmente, el concepto integridad significa asegurar que los datos se mantengan completos y sin alteraciones no autorizadas. Esto implica la implementación de controles de acceso y la utilización de auditorías de bases de datos para rastrear las actividades y garantizar que cualquier cambio esté autorizado.

Por ejemplo, en PostgreSQL se puede activar la auditoría mediante la extensión pgAudit, que registra todas las operaciones de modificación de datos:

Con CREATE EXTENSION pgaudit es posible monitorear cualquier intento de modificar datos en tu sistema, lo cual garantiza la integridad de la información.

- **Cifrado de los datos.** El cifrado asegura que la información, tanto en reposo (almacenada) como en tránsito (transferida), no pueda ser leída si es interceptada. Herramientas como TDE *(Transparent Data Encryption)* en SQL Server y el cifrado nativo de Oracle son esenciales para garantizar que, incluso si los datos son robados, no se puedan descifrar sin las claves apropiadas.

Por ejemplo, en SQL Server, se puede habilitar TDE para cifrar los datos en reposo con el comando:

USE base_datos;
CREATE DATABASE ENCRYPTION KEY WITH ALGORITHM = AES_256 ENCRYPTION BY SERVER CERTIFICATE MiCertificado;
ALTER DATABASE base_datos SET ENCRYPTION ON;
Este comando habilita el cifrado de toda la base de datos, garantizando que los datos almacenados estén protegidos.

- **Automatización en seguridad.** La automatización de la seguridad significa la implementación de procesos automáticos que protejan la base de datos. Esto es:

  - **auditorías periódicas** para detectar accesos no autorizados
  - *backups* **automáticos cifrados** para mantener copias seguras de los datos

Por ejemplo, en Oracle se puede programar un *backup* cifrado con el siguiente comando:
RMAN> BACKUP DATABASE PLUS ARCHIVELOG ENCRYPTION ON;
Este comando realiza una copia de seguridad cifrada, lo que garantiza que, en caso de pérdida o robo de la base de datos, los datos estén protegidos.

IMPORTANTE

Implementar medidas de seguridad como las enumeradas en este apartado no solo protege los datos críticos de una organización, también asegura la conformidad con normativas como GDPR *(General Data Protection Regulation)*, que exige altos niveles de confidencialidad y protección de datos.

La siguiente tabla organiza los principales elementos de seguridad que han de integrarse para proteger una base de datos SQL:

Elemento de seguridad	Descripción	Función en la protección de la base de datos
Base de datos SQL	Sistema central de gestión de datos SQL	Almacena y gestiona los datos de manera estructurada.
Cifrado de datos	Cifrado tanto en reposo como en tránsito usando herramientas como *TDE* o cifrado nativo de Oracle	Protege la confidencialidad de los datos, incluso si son interceptados.
Autenticación de usuarios	Uso de autenticación multifactor y gestión de roles	Controla el acceso autorizado a los datos, garantizando que solo usuarios autorizados accedan.
Cortafuegos	Herramientas como *ufw* o *firewall* configuradas para limitar el acceso externo a la base de datos	Bloquea accesos no autorizados y protege la red donde está conectada la base de datos.
Registro de auditorías	Auditoría continua para monitorear accesos y actividades en la base de datos	Detecta actividades sospechosas o no autorizadas a tiempo, protegiendo la integridad.
Copias de seguridad cifradas	Programación de copias automáticas y cifradas de los datos	Garantiza la disponibilidad de los datos en caso de ataque o pérdida accidental.
Roles de usuario	Asignación de permisos basados en roles específicos según el perfil del usuario	Limita las operaciones que cada usuario puede realizar en la base de datos.
Monitorización de tráfico	Análisis continuo del tráfico de red en busca de posibles amenazas	Identifica y bloquea intentos de ataque en tiempo real.

Para implementar auditorías periódicas en una base de datos SQL, se pueden seguir los siguientes **pasos,** utilizando las herramientas adecuadas según el sistema de bases de datos que se esté empleando:

➲ **Habilitar el registro de actividades:** configurar el sistema de gestión de bases de datos para que registre todas las actividades importantes, como inicios de sesión, cambios en los datos, creación o eliminación de tablas, y modificaciones en las configuraciones de la base de datos:

◑ En **MySQL,** habilitar el general query log o el audit log plugin para registrar todas las consultas y actividades de los usuarios.

◑ En **PostgreSQL,** configurar la extensión pgAudit para registrar actividades específicas como SELECT, INSERT, UPDATE, y DELETE.

◑ En **SQL Server,** configurar SQL Server Audit para capturar eventos específicos como intentos de acceso, cambios en los datos y modificaciones en la estructura de la base de datos.

➲ **Configurar alertas automatizadas:** definir reglas y alertas que notifiquen a los administradores sobre actividades sospechosas o inusuales. Por ejemplo, intentos fallidos de inicio de sesión, accesos a datos sensibles o cambios en las configuraciones de seguridad:

◑ Usar herramientas de monitorización como **Splunk, ELK Stack (Elasticsearch, Logstash, Kibana)** o soluciones SIEM *(Security Information and Event Management)* para analizar los registros en tiempo real y configurar alertas basadas en patrones de actividad inusuales.

◑ Configurar alertas de correo electrónico o notificaciones en tiempo real para que los administradores puedan responder rápidamente.

➲ **Análisis periódico de los registros:** realizar análisis periódicos de los registros de auditoría para identificar tendencias, posibles amenazas o comportamientos anómalos:

◑ Programar revisiones periódicas, ya sean diarias, semanales o mensuales de los registros generados.

◑ Utilizar scripts automatizados o herramientas de análisis para identificar patrones sospechosos o desviaciones de la actividad normal.

➲ **Automatización de la respuesta a incidentes:** configurar procedimientos automáticos que se activen cuando se detecten actividades sospechosas. Por ejemplo, si se detectan múltiples intentos fallidos de inicio de sesión desde una misma IP, el sistema puede bloquear temporalmente esa IP:

◑ Utilizar herramientas de automatización de seguridad como Ansible o *scripts* personalizados que se integren con tu sistema de auditoría para realizar acciones automáticamente.

◑ Implementar políticas de seguridad que incluyan la respuesta automática a incidentes, como la rotación de claves de acceso o el bloqueo de cuentas sospechosas.

Dispositivos de red y sistemas industriales

Los **dispositivos de red,** como *routers, switches* y *firewalls,* son los principales puntos de entrada y salida de información en una red, lo cual los convierte en objetivos atractivos para los ciberataques. Para protegerlos, es vital **configurar contraseñas seguras, desactivar servicios no esenciales** y **segmentar las redes,** de modo que una brecha en una parte no comprometa todo el sistema. En los sistemas industriales, como los **PLC** y **SCADA,** que suelen ser críticos para infraestructuras como fábricas o plantas de energía, es necesario un enfoque de seguridad especializado. Debido a la gravedad de sus vulnerabilidades, la guía **NIST 800-82** proporciona un marco robusto para proteger estos sistemas. Asimismo, se puede automatizar su seguridad mediante el uso de **sistemas IDS/IPS** diseñados para redes industriales, que monitorean el tráfico y responden ante comportamientos sospechosos (NIST, 2020).

 TAREA 4

Innovate S. L. es una empresa que gestiona una infraestructura de servidores Linux para múltiples clientes. La dirección ha decidido automatizar la securización de sus sistemas utilizando herramientas de código abierto como *Ansible* y *SELinux.* Como administrador de sistemas, tu tarea es diseñar un plan para automatizar la implementación de políticas de seguridad, asegurándote de que los servidores se mantengan protegidos contra posibles amenazas.

¿Cuáles serían los pasos clave que seguirías para configurar *Ansible* y *SELinux* para la securización automatizada de los servidores? Explica cada uno de estos pasos y cómo contribuyen a la protección del sistema.

3. Aproximación a los componentes de la seguridad en redes

 **HILO CONDUCTOR**

Mientras revisaba el tráfico de la red, Mario comprendió que no solo debía proteger los servidores, sino también la infraestructura de red que conectaba a toda la empresa. Implementó un *firewall* más robusto para filtrar el tráfico no autorizado y configuró sistemas de detección y prevención de intrusos (IDS/IPS) para identificar cualquier actividad sospechosa en tiempo real. También, comenzó a utilizar una red VPN para asegurar la conexión de los empleados remotos y activó un sistema de monitoreo en la red inalámbrica para bloquear accesos no autorizados.

La **seguridad en redes** es un aspecto fundamental para proteger la información y garantizar la comunicación segura entre sistemas. Para comprender mejor los mecanismos que intervienen en la protección de una red, es importante estudiar los componentes clave que conforman su estructura y funcionamiento.

IMPORTANTE

Los sistemas industriales, como los **SCADA** *(Supervisory Control and Data Acquisition)* y los **PLC** (controladores lógicos programables), están concebidos para supervisar y gestionar con eficacia procesos críticos en entornos industriales. Estos sistemas desempeñan un papel clave en la automatización y el control de operaciones esenciales en sectores como la energía, la manufactura y el transporte. A medida que estos sistemas se integran cada vez más con redes IT y el IoT, la seguridad en redes industriales cobra una importancia fundamental para evitar ataques que puedan comprometer infraestructuras esenciales, como energía, manufactura o transporte.

3.1. Niveles OSI *(Open System Interconnection Model)*

El modelo OSI es un marco conceptual que describe las funciones de un sistema de comunicación en siete capas: física, enlace de datos, red, transporte, sesión, presentación y aplicación. Cada capa tiene sus propias responsabilidades y protocolos de seguridad.

Modelo OSI

CAPA		UNIDAD DE DATOS	EJEMPLO
Host Layer (capa anfitrión)	Capa de aplicación (7)	datos	HTTP, DNS, DHCP, IMAP, MQTT, NTP, OSPF, SMTP
	Capa de presentación (6)		AFP, LPP, NCP, NDR, PAD
	Capa de sesión (5)	datos	PPTP, NetBIOS, PAP, RPC, RTCP, SMMP, SOCKS
	Capa de transporte (4)	segmento datagrama	TCP, UDP, ATP, RDP, FCP
Media Layer (capa de medios)	Capa de red (3)	paquete	IPv4/IPv6, ICMP, IGMP, IPsec, RIP, PIM, OSPF, IPX
	Capa de enlace de datos (2)	trama	802.3 Ethernet, 802.11 Wi-Fi, ATM, Frame Relay, PPP, VLAN
	Capa física (1)	bit, símbolo	Ethernet PHY, USB, IrDA, SATA, Bluetooth

El modelo Open Systems Interconnection (OSI) es un marco que define cómo los sistemas de comunicación intercambian datos a través de diferentes capas, proporcionando una referencia estándar para la interconexión de redes.

3.2. Modelo TCP/IP: protocolos DNS, FTP, IMAP, TCP, IPv4, IPv6, HTTP

El modelo TCP/IP, a menudo comparado con el modelo OSI, es la base de internet y de las redes privadas. Conocer cómo funcionan los protocolos como DNS *(Domain Name System)*, FTP *(File Transfer Protocol)*, IMAP *(Internet Message Access Protocol)*, TCP *(Transmission Control Protocol)*, IPv4, IPv6 y HTTP *(HyperText Transfer Protocol)* es esencial para la seguridad de la red.

A continuación, se muestra una comparación básica entre los modelos OSI y TCP/IP, dos de los marcos conceptuales más importantes utilizados para describir las funciones de los sistemas de comunicación en redes. Mientras que el modelo OSI tiene siete capas, el modelo TCP/IP se simplifica en cuatro. Ambos proporcionan una estructura para entender y gestionar el flujo de datos entre dispositivos conectados.

Modelo OSI	Modelo TCP/IP
- 7. Capa de aplicación - 6. Capa de presentación - 5. Capa de sesión - 4. Capa de transporte - 3. Capa de red - 2. Capa de enlace - 1. Capa física	- 4. Capa de aplicación - 3. Capa de transporte - 2. Capa de internet - 1. Capa de acceso a la red

A continuación, se describe el modelo TCP/IP con sus capas y con ejemplos de protocolos:

Capa de aplicación
- Maneja los protocolos de alto nivel y los formatos de datos utilizados para la comunicación en red, como las transferencias de archivos y la navegación web. Los protocolos son HTTP, DNS, FTP e IMAP.

Capa de transporte
- Garantiza la transferencia confiable de datos, el control de flujo y la segmentación de los mensajes. Los protocolos son TCP y UDP.

Capa de internet
- Se encarga de la dirección lógica y el enrutamiento de los paquetes de datos a través de redes. Los protocolos son IPv4 y IPv6.

Capa de acceso a la red
- Se ocupa de la transmisión física de los datos a través de las interfaces de red y la conexión entre dispositivos. Los protocolos son Ethernet y PPP.

3.3. Encapsulado

El **encapsulado** es el proceso de incluir datos dentro de un paquete que se transmite a través de una red. Este concepto es importante para entender cómo se protegen y se verifican los datos durante la transmisión.

El proceso de encapsulado ocurre en diferentes capas del modelo OSI y TCP/IP, donde los datos pasan por una serie de transformaciones, cada una añadiendo su propia capa de información (cabeceras o encabezados) antes de ser enviados a través de la red.

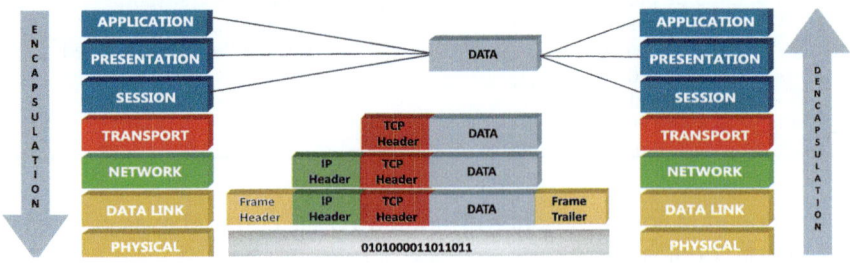

El proceso de encapsulado es fundamental para la comunicación en redes, ya que permite que los datos sean organizados y preparados para su transmisión a través de diferentes medios y dispositivos.

3.4. Componentes de seguridad en redes: *firewall*, IDS/IPS, WIDPS, UTM

La seguridad en redes es un aspecto fundamental para proteger la integridad, la confidencialidad y la disponibilidad de la información transmitida entre dispositivos. A medida que las amenazas a la seguridad cibernética se vuelven más sofisticadas, resulta básico emplear una combinación de tecnologías y enfoques para garantizar la protección de la red.

Entre los componentes clave de seguridad en redes se encierran herramientas como **firewalls, sistemas de detección y prevención de intrusos (IPS y WIDPS),** y la **gestión unificada de amenazas (UTM).** Cada uno de estos elementos desempeña un papel único en la defensa contra posibles ataques. A continuación se exponen:

● **Firewall.** Un *firewall* es un dispositivo o *software* que actúa como una barrera entre una red interna confiable y redes externas no confiables, como internet. Su función principal es filtrar el tráfico de red, permitiendo o bloqueando el paso de datos en función de reglas de seguridad predefinidas. Los *firewalls* pueden configurarse para bloquear ciertos tipos de tráfico, como puertos o direcciones IP específicas, y para prevenir accesos no autorizados. Los **firewalls de última generación (NGFW),** además de las funcionalidades básicas, también ofrecen inspección de contenido y detección de amenazas avanzadas.

⊃ **Sistemas de detección de intrusos (IDS).** Los sistemas de detección de intrusos (IDS) son herramientas diseñadas para monitorear el tráfico de red en busca de comportamientos sospechosos o no autorizados. El IDS detecta anomalías y genera alertas cuando identifica posibles intrusiones, como intentos de acceder a un sistema o modificar archivos sin autorización. Sin embargo, los IDS no pueden realizar acciones preventivas, sino que solo notifican al administrador de la red sobre las actividades sospechosas. Un ejemplo muy común de IDS es **Snort,** que se utiliza habitualmente para la detección de intrusiones en redes.

⊃ **Sistema de prevención de intrusiones (IPS).** A diferencia de los IDS, los sistemas de prevención de intrusos (IPS) no solo detectan actividades sospechosas, sino que también pueden actuar para detenerlas. Los IPS pueden bloquear automáticamente el tráfico malicioso o sospechoso, lo que los convierte en una solución proactiva frente a las amenazas. Funcionan de manera similar a un *firewall* avanzado, con la capacidad de inspeccionar el contenido de los paquetes en tiempo real y tomar decisiones basadas en políticas de seguridad predefinidas.

⊃ **Sistema de detección y prevención de intrusiones *wireless* (WIDPS).** Los sistemas de detección y prevención de intrusiones *wireless* (WIDPS) son una extensión de los IDS/IPS, pero diseñados específicamente para redes inalámbricas. Estos sistemas monitorean la red wifi en busca de vulnerabilidades, dispositivos no autorizados o intentos de acceso. Las redes inalámbricas son particularmente vulnerables a ataques como **wardriving** o **fuerza bruta** en las claves de acceso, por lo que un WIDPS es esencial para reforzar la seguridad en entornos inalámbricos.

El proceso de un ataque de fuerza bruta utilizando una **botnet** comienza con un ciberatacante, quien coordina a un *bot* coordinador. Este *bot* coordinador dirige una *botnet,* que es un conjunto de dispositivos infectados con *malware* que pueden ejecutar comandos del atacante. La red *botnet* o dispositivos zombis realiza múltiples intentos de inicio de sesión en un sistema de destino, probando diferentes combinaciones de credenciales. Después de muchos intentos, el ataque tiene éxito cuando encuentra las credenciales correctas y valida el inicio de sesión, permitiendo el acceso no autorizado al sistema.

Este tipo de ataque es muy peligroso porque automatiza los intentos de acceso, lo que permite realizar miles o millones de combinaciones en un corto período.

⊃ **Gestión de amenazas unificada (UTM).** La gestión de amenazas unificada (UTM) es una solución integral que combina múltiples funciones de seguridad en una única plataforma, como *firewalls,* antivirus, filtrado de contenido, y sistemas de detección y prevención de intrusiones. Las soluciones UTM simplifican la gestión de la seguridad, permitiendo a los administradores de red gestionar múltiples aspectos de la seguridad desde una sola interfaz. Ejemplos de plataformas UTM escalables utilizadas por organizaciones son:

- *Fortinet FortiGate*
- *Sophos XG Firewall*
- *Palo Alto Networks PA-Series*
- *Check Point UTM Appliances*
- *Cisco Meraki MX*
- *WatchGuard Firebox*
- *SonicWall TZ Series*
- *Untangle NG Firewall*

Estas soluciones combinan funciones de *firewall* de próxima generación, VPN, antivirus, control de aplicaciones, filtrado web, y detección y prevención de intrusiones (IDS/IPS). Las tecnologías sincronizadas de seguridad de estas herramientas permiten una comunicación continua entre el *firewall* y los *endpoints* para mejorar la detección de amenazas y las respuestas automáticas. Al elegir una herramienta UTM, es esencial considerar el tamaño de la red, los recursos de TI disponibles y las necesidades específicas de seguridad de la organización.

 IMPORTANTE

La integración de los componentes de seguridad en redes es esencial para crear un entorno seguro y reducir el riesgo de ciberataques. Estos elementos de seguridad trabajan juntos para proporcionar múltiples capas de defensa. A este sistema de protección se le conoce como defensa en profundidad, asegurando que la red esté protegida contra una amplia gama de amenazas potenciales.

Una red VPN (red privada virtual) es una tecnología que tener en cuenta, ya que permite crear una conexión segura y cifrada a través de una red pública, como internet, para proteger los datos que se transmiten entre dispositivos y garantizar la privacidad del usuario. Se utiliza habitualmente para acceder de forma segura a redes privadas, como las de una empresa, desde ubicaciones remotas.

4. Conocimientos y utilización de medidas de seguridad y defensa en profundidad

☞ HILO CONDUCTOR

Mario sabía que proteger su empresa requería un enfoque integral, así que optó por aplicar una estrategia de defensa en profundidad. Configuró diferentes capas de seguridad, comenzando por los firewalls y los antivirus en el perímetro, hasta el uso de autenticación multifactor para cada empleado. También habilitó la monitorización activa tanto interna como externa para detectar posibles anomalías en tiempo real. La automatización fue clave, ya que configuró políticas que bloquearían automáticamente cualquier intento sospechoso de acceso sin intervención manual.

La seguridad de la información es un aspecto trascendente en la gestión tecnológica de cualquier organización cuya actividad sea o no industrial. Su correcta implementación requiere una estrategia sólida; por este motivo, uno de los conceptos clave en esta área es el de *defensa en profundidad.*

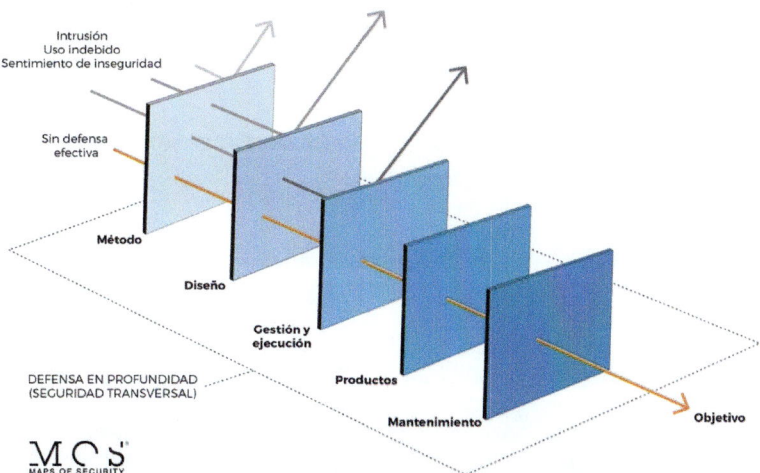

La defensa en profundidad usa una metodología que asegura los sistemas mediante la implementación de múltiples capas de protección. Este enfoque no solo abarca medidas técnicas, como firewalls o sistemas de detección de intrusos, sino también aspectos físicos y organizativos.

4.1. Tipologías de seguridad

En torno al concepto y el significado de la defensa en profundidad, es fundamental comprender las diferentes tipologías de seguridad y cómo integrarlas, para proteger tanto los activos tecnológicos como los físicos y humanos.

Las estrategias de seguridad se dividen en dos grandes **categorías:**

Seguridad física	- Medidas diseñadas para proteger las instalaciones y el *hardware* de la organización.
Seguridad lógica	- Engloba todas las herramientas y procedimientos implementados para proteger los sistemas informáticos y activos de información.

4.2. Seguridad física: riesgos y medidas

Los riesgos en la seguridad física pueden derivar de múltiples fuentes, desde accesos no autorizados hasta daños por desastres naturales. Algunas medidas típicas que se utilizan para mitigar estos riesgos son:

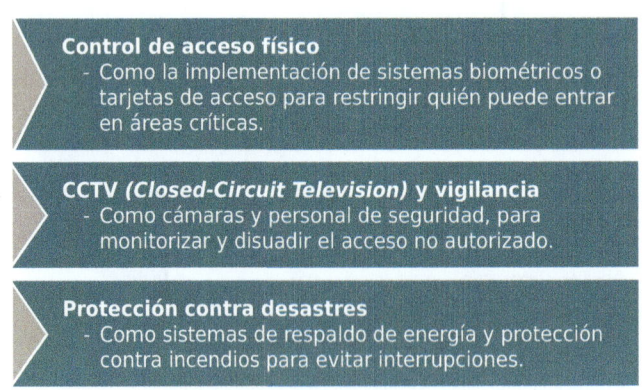

Control de acceso físico
- Como la implementación de sistemas biométricos o tarjetas de acceso para restringir quién puede entrar en áreas críticas.

CCTV *(Closed-Circuit Television)* y vigilancia
- Como cámaras y personal de seguridad, para monitorizar y disuadir el acceso no autorizado.

Protección contra desastres
- Como sistemas de respaldo de energía y protección contra incendios para evitar interrupciones.

NOTA

Las medidas básicas de mitigación de riesgos cibernéticos contemplan el control de acceso físico, las cámaras de vigilancia y la protección frente a desastres naturales, sabotajes o robos. La instalación de cerraduras biométricas o el control de acceso mediante tarjetas inteligentes son formas muy habituales de proteger el acceso físico a servidores y dispositivos críticos.

4.3. Seguridad lógica: defensa en profundidad

La defensa en profundidad se basa en el principio de que no basta con una sola capa de seguridad. En la seguridad lógica, por tanto, deben implementarse múltiples barreras para detener o mitigar los ataques cibernéticos. Algunas de ellas son:

> **Firewalls**
> - Actúan como la primera línea de defensa, controlando y filtrando el tráfico entrante y saliente según reglas predefinidas.

> **Sistemas de detección de intrusos (IDS/IPS)**
> - Sistemas que monitorean la red en busca de comportamientos anómalos que puedan indicar un ataque y, en algunos casos, bloquean automáticamente el acceso sospechoso.

Control de Accesos: identidad, autenticación

El **control de accesos** es fundamental para garantizar que solo las personas autorizadas puedan acceder a los sistemas y los recursos de una organización. Hoy, los métodos de autenticación y verificación de identidad han evolucionado para ofrecer mayores niveles de seguridad frente a las crecientes amenazas. Algunos de estos **métodos** son:

➲ **Contraseñas.** Aunque son el método más común, las contraseñas tienen grandes limitaciones si no se gestionan adecuadamente. Las mejores prácticas en el uso de credenciales de acceso incluyen la aplicación de políticas de contraseñas fuertes (mínimo de caracteres, combinación de letras, números y símbolos), así como la autenticación multifactor (MFA), que añade una capa de seguridad mediante el uso de un segundo factor, como una clave enviada al móvil o un *token* de *hardware*.

⊃ **Biometría.** Los sistemas biométricos han ganado terreno, debido a su capacidad para identificar de manera única a un individuo mediante características físicas o de comportamiento. Entre los métodos biométricos más habituales se encuentran los siguientes:

   ◡ **Huellas dactilares:** integradas en dispositivos móviles y sistemas empresariales, ofrecen una capa de seguridad adicional frente a la simple introducción de contraseñas.

   ◡ **Reconocimiento facial:** utilizado en dispositivos móviles y sistemas empresariales, el reconocimiento facial usa puntos específicos del rostro para verificar la identidad.

   ◡ **Escaneo de retina e iris:** este método de autenticación es aún más preciso, aunque menos utilizado por el costo y la infraestructura necesaria. Se emplea especialmente en entornos altamente seguros como instalaciones gubernamentales o de defensa.

⊃ **Tarjetas de acceso inteligentes.** Las tarjetas inteligentes o *smart cards* utilizan un chip para almacenar las credenciales de acceso. Se han convertido en una opción popular para entornos empresariales. Estas tarjetas suelen combinarse con autenticación de doble factor para aumentar la seguridad, permitiendo que los usuarios ingresen un pin o utilicen su biometría junto con la tarjeta.

Los **ataques a los sistemas de autenticación biométrica** son cada vez más sofisticados, lo cual subraya la necesidad de implementar contramedidas avanzadas. A través del uso de tecnologías como la **detección de vivacidad,** el **cifrado de datos biométricos** y la **autenticación multifactor,** las organizaciones pueden mitigar los riesgos asociados con estos ataques. Sin embargo, es igualmente importante que las empresas eduquen a sus empleados sobre las mejores prácticas para proteger sus datos biométricos, ya que muchas veces los atacantes recurren a técnicas de ingeniería social para vulnerar estos sistemas.

SABÍAS QUE...

Los sistemas biométricos almacenan plantillas digitales que representan los rasgos biométricos de los usuarios. En los ataques de reversión de plantillas, los atacantes intentan reconstruir el rasgo biométrico original (como la imagen de una huella dactilar o un rostro) a partir de la plantilla almacenada en el sistema. Como contramedidas están:

El cifrado de plantillas biométricas cuando se almacenan o se transmiten. De esta manera, incluso si un atacante accede a ellas, tendrá dificultades para reconstruir el rasgo biométrico original sin la clave de cifrado.

Las transformaciones irreversibles, que consisten en que, en lugar de almacenar las plantillas biométricas en su forma original, se cifran matemáticamente, con el fin de que sea dificultoso para un ciberatacante reconstruir el rasgo biométrico de un usuario a partir de la plantilla.

Protección: *firewall*, protección dispositivos, inteligencia y monitorización

La **protección básica de la infraestructura tecnológica** es esencial para salvaguardar los sistemas frente a amenazas cibernéticas. Esto implica el uso de varios componentes clave que, trabajando juntos, crean un entorno más seguro para las operaciones diarias de una organización. Algunos de estos **componentes** son:

➲ **Firewall.** Filtra el tráfico de red, permitiendo o denegando el acceso según las políticas de seguridad. Un *firewall* es el primer nivel de defensa en cualquier red. Puede ser tanto un dispositivo físico como una aplicación de *software*. Controla el tráfico de entrada y salida basado en políticas de seguridad predefinidas. Los *firewalls* modernos no solo bloquean accesos no autorizados, sino que también inspeccionan el tráfico en cuanto a las aplicaciones para identificar actividades sospechosas. Los *firewalls* de nueva generación (NGFW) cuentan con capacidades avanzadas como la inspección profunda de paquetes y la detección de amenazas en tiempo real.

➲ **Protección de dispositivos.** Implica la instalación de *software* de seguridad en cada dispositivo para prevenir infecciones por códigos maliciosos o accesos no autorizados. Los dispositivos finales (servidores, estaciones de trabajo, dispositivos móviles) deben estar protegidos con *software* de seguridad que prevenga de los peligros de *malware, spyware* y *ransomware*. Las soluciones de *Endpoint Detection and Response* (EDR) permiten detectar, analizar y responder rápidamente a amenazas en dispositivos individuales. Del mismo modo, es esencial mantener todos los sistemas actualizados mediante la instalación de parches de seguridad y actualizaciones periódicas, con idea de reducir el riesgo de explotación de las vulnerabilidades conocidas.

⊃ **Inteligencia de amenazas.** O lo que es lo mismo, recolectar y analizar información sobre nuevas amenazas. Esta inteligencia permite a la organización ir un paso por delante y adaptar todas sus defensas. La inteligencia de amenazas es el proceso de recopilar, analizar y aplicar información sobre las amenazas cibernéticas actuales para anticiparse a futuros ataques. Mediante el uso de sistemas de análisis y servicios de inteligencia como *Threat Intelligence Platforms* (TIP), las organizaciones consiguen identificar las nuevas técnicas que los atacantes estén utilizando. Esto permite a las empresas u organizaciones ajustar sus defensas cibernéticas según el conocimiento que proporciona esta inteligencia. Al mismo tiempo, la automatización juega un papel clave en el uso de la inteligencia de amenazas, ya que los *Security Orchestration, Automation and Response (*SOAR) permiten responder rápidamente a incidentes con acciones predefinidas.

⊃ **Monitorización.** Una estrategia de defensa sólida también requiere un monitoreo constante para identificar y responder rápidamente a las amenazas cibernéticas. Además de implementar medidas de protección, las organizaciones deben realizar un monitoreo continuo de sus sistemas y redes. Los sistemas de detección de intrusos (IDS) y los sistemas de prevención de intrusos (IPS) son herramientas clave que permiten identificar y, en el caso del IPS, bloquear actividades sospechosas en tiempo real. Estas herramientas deben integrarse con sistemas de inteligencia de amenazas para maximizar su efectividad.

Perímetro: pasiva/activa

La seguridad perimetral se refiere a la protección de los límites de la red, es decir, los puntos donde una red interna se conecta con redes externas, como internet. Hay dos enfoques principales para proteger el perímetro: el perímetro pasivo y el activo.

Seguridad perimetral pasiva	Seguridad perimetral activa
- En este enfoque, se revisan los registros y datos de la red de forma periódica, pero sin intervención automática en tiempo real. Los administradores de la red reciben informes que destacan comportamientos inusuales, como intentos de acceso no autorizados, pero es necesario que ellos tomen medidas manuales para responder. Por ejemplo, se podría programar un análisis semanal de los registros del *firewall* para detectar posibles intentos de intrusión.	- A diferencia del pasivo, en un sistema activo hay una vigilancia constante que genera alertas en tiempo real cuando se detecta una actividad sospechosa. Estos sistemas toman medidas automáticas, como bloquear una dirección IP sospechosa o cortar una conexión no autorizada. Un *firewall* de nueva generación es un ejemplo de protección activa, ya que puede analizar el tráfico y actuar de inmediato frente a amenazas.

Interna: pasiva/activa

La **protección interna de una red** es tan importante como la seguridad perimetral, ya que se encarga de monitorear y controlar lo que ocurre dentro de la red. Existen **dos enfoques** principales para gestionar esta seguridad: la **seguridad pasiva** y la **seguridad activa**. Ambos métodos, aunque complementarios, se enfocan en diferentes aspectos para detectar y prevenir posibles amenazas internas.

A continuación, se profundizará en cada uno de estos **enfoques** y sus **características:**

Interna pasiva
- Este enfoque implica revisar de forma periódica la actividad de los usuarios y dispositivos dentro de la red. Por ejemplo, un administrador ha de revisar los registros de acceso a bases de datos o los intentos de acceso a áreas restringidas para detectar cualquier comportamiento inusual. Sin embargo, como en el caso del perímetro pasivo, no hay alertas inmediatas, por lo que las acciones correctivas tardan más en implementarse.

Interna activa
- En un sistema de seguridad activa, hay una supervisión constante de la red interna. Esto significa que existe un monitoreo de las acciones del personal, servidores y dispositivos conectados, con el fin de detectar amenazas internas, como accesos no autorizados o movimientos de datos sospechosos. Ya sabemos que un sistema de detección y prevención de intrusos puede detectar en tiempo real cualquier comportamiento anómalo dentro de la red y generar alertas o bloquear la actividad potencialmente maliciosa.

La seguridad activa y la pasiva son dos enfoques esenciales en la protección de los sistemas informáticos:

⮑ La seguridad pasiva se enfoca en detectar y supervisar posibles amenazas sin interferir directamente.
⮑ La seguridad activa actúa de forma proactiva para prevenir y mitigar ataques en tiempo real.

 ## VÍDEO

En este vídeo de Smartformacion (2022) se aclaran las diferencias entre seguridad activa y pasiva en ciberseguridad. Muestra cómo cada enfoque contribuye a la protección de los sistemas informáticos en diversos entornos.

Accede al vídeo desde aquí:

https://redirectoronline.com/ifct00500122

 ## ACTIVIDAD COMPLEMENTARIA

3. Teniendo en cuenta lo explicado en el vídeo anterior de Smartformacion sobre la seguridad activa y pasiva, reflexiona sobre el tipo de seguridad que consideras más adecuada para una organización que maneja grandes volúmenes de datos sensibles. ¿Crees que una empresa debería priorizar una sobre la otra, o es fundamental un enfoque mixto? Comparte también tu opinión con tus compañeros/as sobre cómo los avances en la automatización pueden influir en la implementación de la seguridad activa y pasiva. ¿Cómo crees que las herramientas actuales, como los sistemas de prevención de intrusiones o las soluciones de monitoreo continuo, pueden facilitar la protección en tiempo real?

Cadena de suministro

La **seguridad en la cadena de suministro** significa garantizar que todos los proveedores y socios comerciales que interactúan con una empresa mantengan altos estándares de seguridad. Hoy en día, muchas empresas dependen de proveedores externos para servicios críticos; en consecuencia, una vulnerabilidad en uno de estos proveedores podría comprometer la seguridad de toda una organización.

NOTA

Si una empresa utiliza *software* de un proveedor externo, debe asegurarse de que sea seguro y cumpla con las normativas de ciberseguridad.

Toda esta información hay que enlazarla con las auditorías de seguridad a los proveedores, revisiones de sus políticas de seguridad o el uso de contratos que exijan que los proveedores mantengan ciertos estándares de seguridad, como el cumplimiento con el GDPR o la implementación de actualizaciones de seguridad periódicas.

En este contexto, las pruebas de penetración o *pentesting* desempeñan un papel clave en las auditorías de seguridad, al permitir simular ataques controlados contra una red o sistema, para identificar vulnerabilidades antes de que puedan ser explotadas por actores maliciosos.

El pentesting ayuda a las organizaciones a evaluar la fortaleza de sus medidas de seguridad, ofreciendo información valiosa sobre qué áreas necesitan ser reforzadas. Asimismo, estas pruebas controladas permiten validar la efectividad de los controles de seguridad implementados y asegurar que los sistemas están protegidos contra amenazas internas y externas.

SABÍAS QUE...

Existen técnicas avanzadas que son clave para ir mejorando la seguridad en las redes y los sistemas, reforzando significativamente la protección en infraestructuras críticas. Son estas:

Segmentación de redes: divide la red en subredes para aplicar políticas de seguridad personalizadas, limitando el impacto de intrusiones.

Arquitectura de confianza cero (ZTA): ningún dispositivo o usuario es confiable de forma predeterminada. El acceso se verifica continuamente.

Inteligencia artificial (IA) y aprendizaje automático o *machine learning* (ML): detecta amenazas en tiempo real, identificando patrones inusuales que los sistemas tradicionales no reconocen.

Análisis de comportamiento (UEBA): monitorea las actividades de usuarios para detectar anomalías que podrían indicar amenazas.

Prevención de pérdida de datos (DLP): protege información sensible mediante políticas que controlan el intercambio de datos.

Monitoreo en la nube o herramientas como CASB permiten supervisar la seguridad de los datos en entornos de nube.

Tecnología *blockchain:* ofrece seguridad para transacciones y registros de datos, gracias a su naturaleza descentralizada y transparente.

Análisis forense: audita la actividad en tiempo real, permitiendo detectar incidentes de seguridad y realizar investigaciones posincidente.

5. Implementación de herramientas de *hacking* ético

👉 **HILO CONDUCTOR**

Para garantizar que TechSystems fuera capaz de resistir futuros ataques, Mario decidió probar la seguridad de la empresa mediante herramientas de *hacking* ético. Utilizó técnicas de *pentesting* para simular posibles ciberataques y probar la eficacia de las defensas implementadas. Con cada prueba, Mario descubría nuevas formas de reforzar las protecciones y corregir vulnerabilidades antes de que los verdaderos atacantes pudieran explotarlas. Esta proactividad era clave para mantener a TechSystems un paso adelante en el campo de la ciberseguridad.

El concepto **hacking** *ético* describe la práctica de usar habilidades de *hacking* por profesionales expertos en ciberseguridad, para ayudar a organizaciones a encontrar y corregir vulnerabilidades en sistemas informáticos y de información antes de que los ciberdelincuentes las exploten.

Los hackers éticos, también conocidos como hackers de sombrero blanco, realizan pruebas de seguridad de manera legal y con el consentimiento de la organización. Su objetivo es proteger los sistemas y mejorar la seguridad.

La gran diferencia entre el *hacking* **ético y el cibercrimen es la intención y la legalidad:** los cibercriminales o *hackers* de sombrero negro atacan a los sistemas sin permiso, con el fin de robar datos, dañar los sistemas o extorsionar a las víctimas; los *hackers* éticos, en cambio, trabajan para mejorar la seguridad, siguiendo siempre la ley y con la aprobación de las organizaciones.

5.1. Introducción al *hacking*

El *hacking* ético utiliza las pruebas de penetración para simular ataques cibernéticos, a fin de identificar y corregir vulnerabilidades encontradas en los sistemas de información. Además de esta labor tan importante, el trabajo realizado por estos profesionales es mucho más complejo, ya que abarca numerosas actividades.

Son muy variadas las **funciones de un *hacker* ético.** Algunas de ellas son:

Identificación de vulnerabilidades
- Detectar debilidades en sistemas y redes antes de que sean explotadas por atacantes.

Realización de pruebas de penetración
- Simular ataques controlados para evaluar la seguridad de los sistemas.

Análisis de riesgos
- Evaluar los riesgos asociados a las vulnerabilidades encontradas y priorizarlas según su impacto.

Recomendación de soluciones
- Proporcionar recomendaciones para mitigar o eliminar las vulnerabilidades detectadas.

Documentación y reporte
- Elaborar informes detallados sobre las pruebas realizadas y los resultados obtenidos para los equipos de seguridad.

Cumplimiento de normativas
- Asegurarse de que las prácticas de seguridad de una organización cumplan con las normativas legales y estándares del sector.

NOTA

En el *hacking* ético, el *pentesting* juega un papel fundamental, ya que permite a los profesionales de ciberseguridad, conocidos como *hackers* éticos, actuar de forma autorizada para detectar fallos de seguridad y mejorar las defensas de una organización, garantizando así que sus sistemas sean más seguros frente a posibles amenazas.

Las herramientas más habituales para el ejercicio del *hacking* ético son **Kali Linux, Metasploit** y **Wireshark.**

Wireshark es un analizador de protocolos de red de código abierto muy utilizado para capturar y analizar el tráfico de datos en tiempo real. Esta herramienta resulta esencial en la resolución de problemas de red, el análisis de seguridad y el desarrollo de protocolos.

Wireshark permite a los usuarios observar los datos que se intercambian entre dispositivos, con lo que ayuda a comprender cómo funcionan las redes.

Las principales **ventajas** de *Wireshark* son las siguientes:

- **Captura de paquetes.** *Wireshark* permite capturar el tráfico de red en cuanto a paquetes, lo cual proporciona una visión detallada de los datos y los protocolos en uso.
- **Análisis profundo de protocolos.** *Wireshark* admite cientos de protocolos, facilitando la detección de posibles amenazas de seguridad y problemas de configuración en la red.
- **Monitoreo en tiempo real y análisis fuera de línea.** Se puede capturar tráfico de red en tiempo real o analizar archivos de captura de paquetes previamente grabados.
- **Potente sistema de filtrado y visualización.** La herramienta ofrece filtros avanzados para enfocarse en tráfico específico y proporciona gráficos de flujo y rendimiento, lo que facilita el análisis del comportamiento de la red.
- **Compatibilidad multiplataforma.** Está disponible en *Windows, macOS, Linux* y otros sistemas operativos. Permite ser accesible en distintos entornos.

👁 EJEMPLO

Imagina que estás realizando un análisis de seguridad en una red de tu empresa para verificar si hay alguna vulnerabilidad en el intercambio de datos entre los usuarios y los servidores web. Quieres examinar las solicitudes **GET** y **POST** que se envían entre el navegador de un usuario y un servidor web durante la navegación por una página.

Los pasos que has de seguir son:

1. **Iniciar la captura de tráfico:** abres *Wireshark* en tu equipo y seleccionas la interfaz de red que usas para conectarte a internet (por ejemplo, una conexión Ethernet o wifi). Comienzas a capturar todo el tráfico que pasa por esa interfaz.
2. **Filtrar el tráfico HTTP:** para enfocarte únicamente en el tráfico web, utilizarás un filtro específico. En este caso, usarías el filtro http para capturar solo las solicitudes y respuestas HTTP que estén ocurriendo. Esto reduce el ruido de otros protocolos, que pueden no ser de interés.
3. **Capturar solicitudes GET y POST:** una vez que tienes el tráfico HTTP filtrado, puedes observar las solicitudes GET (solicitudes al servidor para obtener recursos, como imágenes o páginas HTML) y POST (envío de información desde el navegador al servidor, como formularios). Por ejemplo, verías una solicitud GET para cargar la página principal de un sitio web y una solicitud POST si el usuario envía un formulario de inicio de sesión.
4. **Análisis de las solicitudes:** inspeccionas el contenido de las solicitudes GET y POST. En las solicitudes GET, verías las URL que se están solicitando al servidor. En las solicitudes POST, podrías ver los datos enviados al servidor, como un nombre de usuario y contraseña en un formulario (si no están cifrados).
5. **Evaluar la seguridad:** si detectas que las solicitudes GET o POST no están usando cifrado (por ejemplo, a través de HTTPS), sabrías que esos datos están expuestos a posibles ataques de intermediarios *(Man-in-the-Middle)*. También podrías identificar patrones de tráfico sospechoso o potenciales intentos de intrusión.

Este tipo de análisis es fundamental para los administradores de red y profesionales de ciberseguridad, ya que les permite ver en tiempo real cómo se están manejando los datos en la red y si existen riesgos de seguridad que puedan comprometer la privacidad y la integridad de la información transmitida.

ACTIVIDAD COMPLEMENTARIA

4. El *hacking* ético es una práctica fundamental para identificar y solucionar vulnerabilidades antes de que los cibercriminales puedan explotarlas. Las herramientas de *hacking* ético permiten realizar pruebas de penetración controladas, lo cual ayuda a las organizaciones a fortalecer sus sistemas de seguridad de manera proactiva.

En este contexto, se han desarrollado numerosas herramientas de *hacking* ético que permiten simular ataques en entornos seguros. Algunas de las más conocidas son:

Metasploit: utilizada para realizar pruebas de penetración en redes y sistemas.

Nmap: empleada para escanear puertos y descubrir servicios abiertos.

Wireshark: herramienta de análisis de tráfico de red para detectar posibles vulnerabilidades.

Burp Suite: utilizada para la seguridad de aplicaciones web y la identificación de vulnerabilidades en ellas.

Estas herramientas son imprescindibles para que los expertos en ciberseguridad realicen auditorías y mejoren la protección de los sistemas. El *hacking* ético se diferencia del cibercrimen porque sus acciones son legales y autorizadas, y están orientadas a mejorar la seguridad de las organizaciones.

A partir de esta información sobre el papel que juegan las herramientas de *hacking* ético en el fortalecimiento de la seguridad de los sistemas informáticos, ¿crees que es necesario que todas las organizaciones, sea cual sea su tamaño, realicen pruebas de penetración regulares? ¿Qué ventajas ofrece esta práctica en comparación con otras medidas de ciberseguridad más reactivas, como los sistemas de detección de intrusos (IDS)?

También comenta cómo consideras que la automatización influirá, si es qué opinas que va a influir, en el futuro del *hacking* ético. ¿Podrían las herramientas automatizadas reemplazar completamente las pruebas de penetración manuales o seguirán siendo necesarias?

TAREA 5

Como especialista en seguridad de la empresa DataGuard S. L., se te ha pedido que realices un *pentesting* o prueba de penetración en la red interna de la organización utilizando una plataforma de *hacking* ético como *Metasploit*. El objetivo es identificar las principales vulnerabilidades y presentar un informe con recomendaciones de seguridad.

¿Qué pasos seguirías para ejecutar una simulación de ataque con *Metasploit*? ¿Cómo documentarías las vulnerabilidades descubiertas y las recomendaciones para corregirlas?

6. Resumen

En esta unidad, se ha abordado la importancia de asegurar la infraestructura tecnológica a través de múltiples capas de protección, lo que se conoce como **defensa en profundidad.**

Uno de los pilares de esta estrategia es la **automatización de la securización de sistemas.** Esta maniobra implica el uso de herramientas como *firewalls,* IDS/IPS, y *MDM* para proteger redes y dispositivos móviles.

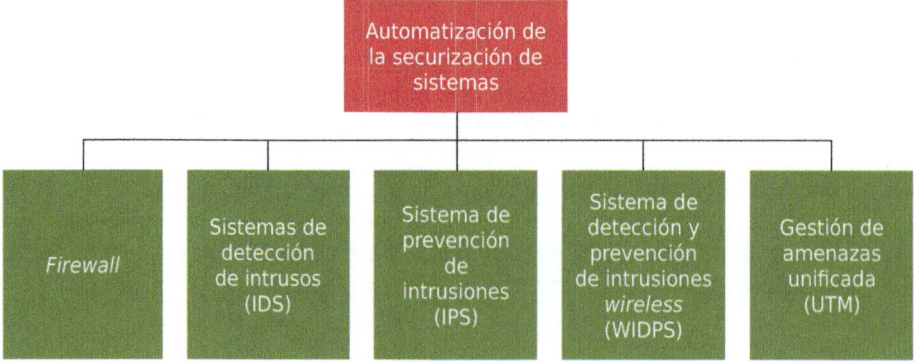

Igualmente, se ha resaltado el papel fundamental del *hardening* en la seguridad de servidores, dispositivos y aplicaciones, mediante la configuración de políticas de acceso restrictivas, el cifrado de datos y la desactivación de servicios innecesarios.

También se han explorado herramientas para la evaluación y escaneo de la seguridad de redes, como *Wireshark,* que permite capturar y analizar el tráfico de red, lo que facilita la identificación de vulnerabilidades o problemas de rendimiento. Los administradores de red y profesionales de ciberseguridad hacen uso de estas herramientas para realizar auditorías y constantes evaluaciones para analizar el estado de la seguridad.

Por último, la unidad introduce técnicas de simulación de ataques, como el *pentesting,* una herramienta clave en el *hacking* ético que permite probar la resistencia de un sistema frente a diferentes tipos de ataques. Este proceso es esencial para anticipar posibles fallos de seguridad y corregirlos con proactividad, para asegurar que los sistemas sean más resistentes frente a las amenazas emergentes.

HACKING ÉTICO

| Identificación de vulnerabilidades | Realización de pruebas de penetración | Análisis de riesgos |
| Recomendación de soluciones | Documentación y reporte | Cumplimiento de normativas |

Ejercicios de autoevaluación
Unidad de Aprendizaje 2

1. Indica si las siguientes afirmaciones son verdaderas o falsas.

a. Es fundamental comprender que la gestión de riesgos juega un papel decisivo en la protección de los sistemas de información de cualquier tipo de organización. Este proceso es fundamental para asegurar la resiliencia de la organización ante eventos imprevistos, ayuda a minimizar las pérdidas y aprovechar las oportunidades que puedan surgir.

- ■ Verdadero
- ■ Falso

b. La gestión de riesgos en la seguridad de los sistemas es un proceso puntual que permite identificar posibles vulnerabilidades o amenazas, evaluar el impacto potencial y la probabilidad de que se materialicen, tomando medidas para mitigarlas o gestionarlas adecuadamente.

- ■ Verdadero
- ■ Falso

c. El plan de tratamiento de riesgos permite definir claramente los controles necesarios para mitigar los riesgos y cuáles de estos se van a tratar, pero no define quién será responsable de implementarlos, el tiempo en el que deben cumplirse y los recursos asignados para garantizar una gestión adecuada de los riesgos.

- ■ Verdadero
- ■ Falso

2. ¿Qué proceso implica identificar las posibles amenazas que podrían afectar a una organización?

a. Análisis de riesgos
b. Evaluación de riesgos
c. Identificación de riesgos
d. Monitoreo de riesgos

3. ¿Qué acción busca reducir la probabilidad o el impacto de un riesgo?

    a. Evitar
    b. Mitigar
    c. Transferir
    d. Aceptar

4. ¿Cuál es la función de las auditorías de seguridad?

    a. Detectar amenazas internas.
    b. Revisar periódicamente las políticas de seguridad.
    c. Eliminar amenazas.
    d. Detectar virus.

5. ¿Qué *cmdlet* de *PowerShell* permite automatizar la instalación de actualizaciones en sistemas *Windows*?

    a. Install-WindowsUpdate
    b. Set-ExecutionPolicy
    c. Enable-BitLocker
    d. New-NetFirewallRule

6. En el proceso de gestión de riesgos, ¿qué etapa implica priorizar los riesgos en función de su importancia?

    a. Proteger datos mediante encriptación.
    b. Desactivar servicios innecesarios para reducir la superficie de ataque.
    c. Implementar un cortafuego en la red.
    d. Aceptar los riesgos.

7. ¿Qué herramienta permite automatizar la gestión de dispositivos móviles en entornos empresariales?

    a. Kerberos
    b. *Microsoft Intune*
    c. *Ansible*
    d. *PowerShell*

8. **¿Qué componente de seguridad es responsable de limitar el tráfico no autorizado en una red?**

    a. Antivirus
    b. IDS
    c. *Firewall*
    d. Monitorización

9. **¿Qué significa "cifrado de datos en reposo"?**

    a. Cifrar datos cuando se están utilizando.
    b. Cifrar datos almacenados.
    c. Cifrar datos durante la transmisión.
    d. Cifrar datos al ser eliminados.

10. **¿Qué protocolo es utilizado en la capa de aplicación del modelo OSI para la navegación web?**

    a. FTP
    b. TCP
    c. HTTP
    d. UDP

Glosario

Activo de información
Toda información o sistema asociado con la gestión de esta, susceptible de ataques, que tiene un valor importante para una organización.

Actualizaciones de seguridad
Cualquier modificación de un sistema operativo o programa informático y aplicaciones instalados en equipos o dispositivos tecnológicos que añade capas de seguridad a través de nuevas funcionalidades o mediante la corrección de fallos de seguridad.

Agujero de seguridad
Fallo o debilidad de un sistema que es aprovechado para delinquir mediante la explotación de vulnerabilidades.

APT (Advanced Persistent Threat)
Son ataques planificados de difícil identificación que van dirigidos a compañías. Son de persistencia continuada y utilizan mecánicas de ingeniería social. Lo que se pretende es sustraer o filtrar información confidencial.

Análisis de riesgos
Procedimiento que sirve para identificar las vulnerabilidades y amenazas a los que están expuestos los activos de información a fin de determinar una gestión de los riesgos.

Antivirus
Software de seguridad que ofrece protección a fin de evitar la ejecución de programas maliciosos.

Ataque cibernético
Maniobra planificada e intencionada para causar daño a un sistema de información, aprovechando alguna vulnerabilidad del sistema para derivar en alguna consecuencia y obtener algún tipo de beneficio por ello.

Autenticación
Proceso mediante el cual se verifica la identidad de un usuario o sistema. Por ejemplo, el uso de contraseñas, la biometría o la autenticación multifactor (MFA).

Backdoor
Puerta trasera que permite a un ciberdelincuente entrar y salir de un sistema susceptible de ataque sin ser detectado.

Biometría
Método de reconocimiento e identificación de personas y usuarios basado en elementos fisiológicos como huellas dactilares, iris, retinas, etc.

Bluetooth
Tecnología inalámbrica que posibilita comunicaciones entre dispositivos ubicados a una distancia no mayor de 10 metros y que operan bajo la banda de radio 2,4 GHz de frecuencia.

Brecha de seguridad
Violación de la seguridad deliberada o no con graves consecuencias, como el borrado, sustracción, modificación o destrucción de datos confidenciales mientras están siendo trasmitidos.

Bug
Fallo de seguridad en un *software* con consecuencias nefastas.

CERT
Iniciales con las que se reconoce al equipo de respuesta ante emergencias informáticas. Son los encargados de dar respuestas a incidentes de seguridad y desarrollar medidas de prevención.

Ciberseguridad
Conjunto de acciones dirigidas a mantener la seguridad informática y la seguridad de la información.

Cifrado
Encriptado o codificación de información que imposibilita que cualquier persona o usuario pueda acceder al contenido cifrado sin la posesión de una clave.

Contraseña robusta
Contraseña creada al azar que cuenta con una combinación de caracteres alfanuméricos y con una extensión lo suficientemente larga para complicar la revelación de este tipo de contraseña. Es necesario para ello disponer de más tiempo para calcularla.

Cookie

Fichero que queda instalado en el navegador de un usuario a partir del que se obtiene información de la actividad que realiza.

Copia de seguridad

Duplicado de información que se realiza en un soporte distinto al original, con el fin de poder recuperar la información en caso de incidente de seguridad del soporte de información inicial de almacenamiento.

Correo *spam*

Mensaje de correo electrónico no solicitado por el usuario receptor que sirve de herramientas para el ejercicio de acciones maliciosas.

Cortafuegos

Sinónimo de *firewall*. Sistema de seguridad que filtra el tráfico web a fin de permitir o prohibir accesos desde o hacia una red.

Crackers

Hackers con intenciones maliciosas.

Credenciales

Certificado de usuario o cualquier otro sistema de identificación de un sujeto como usuario de un sistema. Permite la autenticación y verificación de la identidad, lo que posibilita el acceso a recursos. La credencial más común es el uso de usuario y contraseña.

Crime-as-a-service (CaaS)

Cooperativismo entre el colectivo de los cibercriminales que ven como son capaces de mercantilizar sus servicios por las grandes carencias de control.

Criptografía

Técnica de cifrado de un mensaje.

Cyber Kill Chain

Estructura de un ciberataque a través de una cadena de acontecimientos definida por Lockheed Martin Corporation.

CVE *(Common Vulnerabilities and Exposures)*

Listado de vulnerabilidades conocidas y publicadas en un estándar que permite identificar el nivel de gravedad de una vulnerabilidad y su posible impacto.

CVSS *(Common Vulnerability Scoring System)*

Sistema estándar de puntuación de vulnerabilidades.

Datos personales
Cualquier tipo de información (personal, familiar, física, profesional) sobre una persona física que permita ser identificada o identificable.

Denegación de servicio (DOS)
Ciberataque que deja fuera de servicio un sistema, equipo, dispositivo o aplicación.

Defensa en profundidad
Estrategia de seguridad que utiliza múltiples capas de protección para minimizar el riesgo de intrusiones. Abarca tanto controles técnicos como organizativos.

Dirección IP *(Internet Protocol)*
Numeración única que permite identificar un sistema conectado a una red.

Doble factor de autenticación
Método de autenticación común al que se añade otro factor de comprobación (envío de código a un dispositivo móvil, huella dactilar, etc.) que hace que el sistema de autenticación sea más seguro.

Evaluación de riesgos
Proceso de identificar, analizar y priorizar los riesgos para los sistemas de información con el fin de gestionar amenazas potenciales de manera efectiva.

Fingerprinting
Técnica de recopilación de información directa de los sistemas informáticos de un usuario u organización para determinar su comportamiento.

Firmware
Software que facilita el control básico de un dispositivo.

Footprinting
Técnica de penetración o método de exploración que sirve para recoger información de un *hardware* o red (configuraciones de seguridad de la máquina, VPN, dirección IP, etc.).

Gestor de contraseñas
Aplicación que genera contraseñas robustas con almacenaje de estas de forma cifrada. Esto facilita al usuario no tener que recordar múltiples contraseñas de acceso a distintos sitios, solo es necesario tan solo recordar la clave de acceso al gestor.

GNU Privacy Guard
Herramienta gratuita para el cifrado y firma de comunicaciones y datos haciendo uso de un sistema de gestión de claves.

Hacker
Individuo con habilidades y destrezas informáticas con capacidad de vulnerar dispositivos y redes mediante técnicas de *hacking*.

Hacktivistas
Hackers que enfocan sus actividades a acciones reivindicativas tanto sociales como políticas.

Hardening
Técnica de ciberseguridad que implica la eliminación de vulnerabilidades en un sistema al desactivar servicios innecesarios, aplicar actualizaciones de seguridad y configurar políticas estrictas.

Honeypot
Dispositivo señuelo que detecta y obtiene información de un ataque y del atacante.

HTTP *(Hypertext Transfer Protocol Secure)*
Protocolo seguro de transferencia de hipertexto que permite identificar a través de la URL un sitio web seguro de otro no seguro (HTTP).

Impacto
Medida de la consecuencia de un incidente de seguridad.

Incidente de seguridad
Suceso que afecta a principios de la seguridad de la información.

Ingeniería social
Conjunto de técnicas que aprovechan la buena fe y la confianza del usuario víctima para obtener de él información confidencial, que servirá posteriormente para llevar a cabo ataques más premeditados, o bien para comercializar con los datos sustraídos en esa acción.

Intrusión
Acción provocada por un ciberdelincuente con intenciones maliciosas.

Inyección de código malicioso
Infestación de equipos, dispositivos, aplicaciones o programas por algún tipo de *malware*.

Lamers

Hackers con escasez de conocimientos de tecnología informantica y pocas destrezas, aunque alardean de ellas. Los ataques los realizan haciendo uso de instrumentos desarrollados por expertos, asumiendo un mérito que no es propio.

Lista blanca

Direcciones IP o de correo electrónico permitidos.

Lista negra

Direcciones IP o de correo electrónico bloqueados *(spam)*.

Mínimo privilegio

Estrategia de seguridad que se basa en la fórmula de conceder los mínimos permisos para que un usuario pueda desarrollar su actividad.

Mitigación

Disminución de daños potenciales ocasionados por un suceso, una vulnerabilidad o un ataque a un sistema de información.

Monitorización activa

Proceso de supervisión en tiempo real de las actividades en una red para detectar y responder de forma inmediata a amenazas potenciales.

Monitorización pasiva

Proceso de supervisión que recopila datos y actividad en la red sin intervenir directamente, utilizado para análisis forenses y auditorías de seguridad.

Newbies

Sujetos que se inician en el mundo del *hacker* y que todavía no dominan las diferentes técnicas de *hacking*.

No repudio

Mecanismo que permite demostrar la identificación de un usuario emisor de una información.

OTP *(One-Time Password)*

Contraseña de un solo uso.

Parche de seguridad

Aplicación de modificaciones para la corrección de fallos de seguridad en sistemas operativos o *software*.

Pentesting

Técnicas de *hacking* ético.

Phreakers
Hackers que centran sus fechorías en acometer acciones ilícitas en el ámbito específico de la telefonía.

Phishing
Técnica de ataque que suplanta una identidad o un servicio para engañar a la víctima y conseguir información como credenciales, mediante correos electrónicos o mensajes que tienen un enlace con un código malicioso.

Plan de recuperación ante desastres (DRP)
Estrategia que define cómo una organización restaurará sus operaciones críticas tras un incidente cibernético o desastre, minimizando el impacto en el negocio.

Plugin
Complemento en forma de *software* que aumenta la funcionalidad de una aplicación o programa informático.

Políticas de acceso
Conjunto de reglas que definen quién puede acceder a los recursos de un sistema y qué tipo de acciones puede realizar una vez dentro.

Rogue Access Point
Puntos de acceso inalámbrico instalados en redes seguras que permite robar información a un usuario de carácter confidencial y que le sirve a un ciberdelincuente para suplantar la identidad.

SGSI. Sistema de gestión de la seguridad de la información
conjunto de políticas de seguridad de la información regidas por la norma internacional ISO/IEC 27001.

Sistema de detección de intrusos (IDS)
Herramienta que monitorea el tráfico de la red en busca de patrones sospechosos que puedan indicar intentos de intrusión.

Seguridad de la información
Conjunto de procesos que tienen como finalidad la protección de la información, las comunicaciones y los sistemas de información.

Sistema de prevención de intrusos (IPS)
Similar a un IDS, pero también incluye la capacidad de prevenir ataques, bloqueando las amenazas detectadas en tiempo real.

Seguridad de red
Conjunto de medidas implementadas para proteger la integridad, confidencialidad y disponibilidad de la información en una red informática.

Seguridad física
Medidas destinadas a proteger el acceso físico a equipos y dispositivos, evitando robos o accesos no autorizados en centros de datos y servidores.

Seguridad informática
Conjunto de procesos encargados de la protección de las instalaciones y recursos informáticos y de la información.

Sniffer
Software que monitoriza los datos que circulan por la red con idea de capturar información.

Spoofing
Técnica de suplantación de identidad en la red basada en la recopilación de información, principalmente obtenida en las redes sociales.

Token
Hardware o *software* que permite acceder a un recurso con restricción, utilizando una llave en vez de contraseñas, datos biométricos o firmas electrónicas.

UTM *(Unified Threat Management)*
Software de seguridad para la gestión centralizada y unificada de amenazas que afectan a una organización.

Vulnerabilidad
Debilidad en un sistema, red o aplicación que puede ser explotada por atacantes para comprometer la seguridad.

WPA *(Wi-Fi Protected Access)*
Tecnología que facilita la conexión de dispositivos a una red wifi de forma protegida mediante cifrado.

WPS *(Wifi Protected Setup)*
Tecnología que facilita la conexión de dispositivos a una red wifi. Un fallo de seguridad en este mecanismo permitiría a un ciberatacante acceder a la red.

Bibliografía

Monografías

→ LÓPEZ Benítez, Y.: *Gestión de la seguridad informática en la empresa.* Antequera: IC Editorial, 2022.

> Libro que expone la seguridad de la información desde la perspectiva de la empresa.

→ LÓPEZ Benítez, Y.: *Ciberseguridad, hacking ético. IFCD072PO.* Antequera: IC Editorial, 2022.

> Temática relacionada con las técnicas y herramientas de auditorías de *hacking* ético.

Textos electrónicos, bases de datos

→ Cloudflare (s.f.). ¿Qué es un *firewall* de próxima generación (NGFW)? Cloudflare, de:
<https://www.cloudflare.com/es-es/learning/security/what-is-next-generation-firewall-ngfw/>.

> El artículo de Cloudflare explica qué es un *firewall* de próxima generación (NGFW). Proporciona características avanzadas de inspección de contenido y protección contra amenazas.

→ Cómo asegurar tu empresa de ciberataques I Conceptos básicos (2020), de:
<https://youtu.be/AsYw38EDR_8>.

> Vídeo que aborda los conceptos básicos de la seguridad activa y pasiva. Da ejemplos de cómo implementar estas medidas para proteger a las empresas de ciberataques.

→ Documentación de *PowerShell* en *Microsoft Learn*. Microsoft, de: <https://learn.microsoft.com/es-es/powershell/>.

> Fuente que ofrece documentación completa sobre *PowerShell*, con guías y ejemplos para la automatización y administración de sistemas mediante *cmdlets*.

→ IBM (s.f.) ¿Qué es un sistema de detección de intrusos (IDS)? IBM, de: <https://www.ibm.com/es-es/topics/intrusion-detection-system>.

> Artículo de IBM que ofrece una explicación detallada sobre los sistemas de detección de intrusos (IDS) y cómo ayudan a monitorear actividades sospechosas en redes empresariales.

→ INCIBE-CERT (s.f.).Vulnerabilidades. Instituto Nacional de Ciberseguridad de España, de: <https://www.incibe.es/incibe-cert/alerta-temprana/vulnerabilidades>.

> La página de vulnerabilidades del INCIBE-CERT proporciona una lista actualizada de vulnerabilidades reconocidas a nivel global, con soluciones para mitigarlas, ayudando a gestionar riesgos cibernéticos.

→ ISAAC (2019). Marco COBIT 2019, de: <https://www.isaca.org/resources/cobit>.

> Documento que ofrece una visión detallada sobre el marco de gobierno y gestión de TI COBIT 2019. Proporciona directrices y mejores prácticas para ayudar a las organizaciones a alinear sus estrategias tecnológicas con los objetivos del negocio, mejorando el control y la seguridad en los sistemas de información.

→ Maristas Navalmoral. Ciberataques - Ataques de fuerza bruta, de: <https://www.youtube.com/watch?v=oSkzWYmsVzw>.

> Vídeo educativo que explica cómo los ataques de fuerza bruta se utilizan para descifrar contraseñas mediante intentos sistemáticos. Ofrece recomendaciones para protegerse contra ellos.

→ Microsoft (2022). Descripción general de la política de grupo. Documentación de Microsoft, de: <https://docs.microsoft.com/en-us/windows-server/administration/windows-server-update-services/pl>.

> Recurso que ofrece una guía completa sobre cómo utilizar las políticas de grupo en entornos *Windows* para gestionar configuraciones de seguridad de manera centralizada, ayudando a implementar y supervisar políticas de seguridad en redes empresariales.

→ Microsoft (2022). Security Best Practices for Group Policy, de: <https://docs.microsoft.com/en-us/windows/security/group-policy>.

> Documento de Microsoft que proporciona una guía sobre cómo utilizar las políticas de grupo para mejorar la seguridad en entornos de *Windows*, controlando configuraciones y dispositivos en la red.

→ Microsoft Intune: Mobile Device Management. Microsoft, de:
<https://learn.microsoft.com/en-us/mem/intune/fundamentals/what-is-intune>.

> Plataforma de Microsoft para la gestión de dispositivos móviles en entornos empresariales. Permite la implementación de políticas de seguridad en dispositivos corporativos.

→ NIST (2020). Marco de ciberseguridad del NIST, de:
<https://www.nist.gov/cyberframework>.

> Marco que proporciona un enfoque estructurado para gestionar los riesgos de ciberseguridad. Ayuda a las organizaciones a identificar, proteger, detectar, responder y recuperarse de las ciberamenazas. Es una referencia clave para establecer políticas de seguridad eficaces.

→ OWASP Top Ten, de: <https://owasp.org/www-project-top-ten/>.

> El OWASP Top Ten es una lista reconocida de las vulnerabilidades más críticas en aplicaciones web, ayudando a los desarrolladores a implementar prácticas seguras.

→ S-Connect (s.f.). Intrusion Prevention System (IPS). S-Connect, de:
<https://s-connect.es/Productos/Supervision/Ciberseguridad-OT/IPS-Intrusion-Prevention-System/>.

> Artículo de S-Connect que describe las características y beneficios de los sistemas de prevención de intrusiones (IPS). Explica su importancia en redes industriales y OT.

→ *VMware AirWatch:* Mobile Device Management, de:
<https://www.vmware.com/products/workspace-one/>.

> Fuente que detalla las características de *VMware AirWatch,* una solución de gestión de dispositivos móviles que facilita la implementación de políticas de seguridad.